职业院校课程改革“一体化”系列教材（财会类）

实战型商品经营综合实训操作手册

主编　何德显　朱政如　刘　宁

電子工業出版社
Publishing House of Electronics Industry
北京 • BEIJING

内 容 简 介

本书是《实战型商品经营综合实训指导教程》的配套教学用书。本书按照主教材的项目内容同步设置习题，题型包括填空题、单项选择题、多项选择题、识图填空和实务操作训练，对学生学习内容进行自我检测和专业技能操作训练，以巩固和提高学生的专业理论和实务操作技能，也是对学生成绩考评的依据之一。

本书可作为职业院校经贸类专业的教学辅助用书，也可作为各种形式培训的辅助用书。

本书配有参考答案，详见前言。

图书在版编目（CIP）数据

实战型商品经营综合实训操作手册 / 何德显, 朱政如，刘宁主编 . — 北京：电子工业出版社，2015.8

ISBN 978-7-121-26587-7

Ⅰ . ①实… Ⅱ . ①何… ②朱… ③刘… Ⅲ . ①商业经营－中等专业学校－教学参考资料

Ⅳ . ① F715

中国版本图书馆 CIP 数据核字（2015）第 155839 号

策划编辑：徐 玲

责任编辑：徐 玲

印 刷：北京虎彩文化传播有限公司

装 订：北京虎彩文化传播有限公司

出版发行：电子工业出版社

北京市海淀区万寿路 173 信箱 邮编 100036

开 本：787×1 092 1/16 印张：4.75 字数：118.4 千字

版 次：2015 年 8 月第 1 版

印 次：2018 年 12 月第 3 次印刷

定 价：20.80 元

凡所购买电子工业出版社图书有缺损问题，请向购买书店调换。若书店售缺，请与本社发行部联系，联系及邮购电话：（010）88254888，88258888。

质量投诉请发邮件至 zlts@phei.com.cn，盗版侵权举报请发邮件至 dbqq@phei.com.cn。

本书咨询联系方式：xuling@phei.com.cn。

前　言

为配合学生学习“实战型商品经营综合实训指导教程”这门课程，我们编写了本书，与电子工业出版社何德显、朱政如、刘宁主编的《实战型商品经营综合实训指导教程》一书配套使用。

本书在编写过程中注意知识的系统性和题型的多样性，理论与实践相结合，具有较强的适用性和可操作性。本书项目划分与主教材同步，题型包括填空题、单项选择题、多项选择题、识图填空和实务操作训练，供学生练习。

本书实务操作训练，按照商品经营业务处理的流程、岗位职责及其工作内容排序，各岗位工作任务、工作过程清晰明了；业务处理过程以原始凭证为载体，工作过程“真实”、形象、逼真，易于理解和掌握。

本书由何德显、朱政如、刘宁担任主编，由韦杰梅、覃仕克、胡艳玲、滕绍军担任副主编。参加本书编写的人员还有（以姓氏笔画为序）：邓清、何小妹、张丽珍、张秋霞、张驰、杨美秋、杨长红、陈贵南、陆昊民、陆莹颖、邹丽兰、莫孔军、潘玉艳、潘浩滨。

在本书编写过程中，还得到了许多专业教师、职教专家、企业专家、行业专家的指导和帮助，在此无法一一列出，谨向他们表示诚挚的谢意。

为了方便教师教学，本书还配有习题答案（电子版），请有此需要的教师登录华信教育资源网（www.hxedu.com.cn）下载或与电子工业出版社联系，我们将免费提供（E-mail:hxedu@phei.com.cn）。

由于编写人员水平有限，不妥之处在所难免，恳请读者批评指正。

编　者

目　录

项目一

概 述

一、填空题

1. 教程附录A“各单位期初科目余额表”资料显示，003公司相关科目的期初余额情况如下：银行存款是＿＿＿＿＿＿元，库存商品是＿＿＿＿＿＿元，短期借款是＿＿＿＿＿＿元，利润分配是＿＿＿＿＿＿元，累计折旧是＿＿＿＿＿＿元。

2. 教程附录B“各公司库存商品期初结存明细表”资料显示，003公司库存商品期初结存情况如下：奔逸彩电（L37E77）数量是＿＿＿＿＿＿台，单价是＿＿＿＿＿＿元，金额是＿＿＿＿＿＿元；佳华数码相机（A650IS）数量是＿＿＿＿＿＿台，单价是＿＿＿＿＿＿元，金额是＿＿＿＿＿＿元；库存商品总计＿＿＿＿＿＿元。

3. 教程附录C“客户求购订单明细表”资料显示，003公司客户求购的商品情况如下：净洁洗衣机（XQG52-Q818）的求购数量是＿＿＿＿＿＿台，求购单价是＿＿＿＿＿＿元，货款金额是＿＿＿＿＿＿元；宝兰折叠自行车（C2）的求购数量是＿＿＿＿＿＿台，求购单价是＿＿＿＿＿＿元，货款金额是＿＿＿＿＿＿元。

4. 某商品不含税的购进价格为100元，不含税销售价格为120元，则该商品进销的不含税增值额为＿＿＿＿＿＿元，按实训规定的“税费标准”计算，销售该商品应交增值税是＿＿＿＿＿＿元；该商品进项税额是＿＿＿＿＿＿元，销项税额是＿＿＿＿＿＿元，采用税款抵扣办法计算，应纳税额是＿＿＿＿＿＿元。

5. 某商品含税销售额为200元，按实训规定的“税费标准”计算，则不含税销售额是＿＿＿＿＿＿元，税额是＿＿＿＿＿＿元，价税合计金额是＿＿＿＿＿＿元。

6. 某货物的含税运费金额为500元，按实训规定的“税费标准”计算，则不含税运费金额是＿＿＿＿＿＿元，税额是＿＿＿＿＿＿元，价税合计金额是＿＿＿＿＿＿元。

7. 某公司库存商品期初余额为5 200 000元，期末余额为4 800 000元，按实训规定的“税费标准”计算，则库存商品的平均余额是＿＿＿＿＿＿元，应计提的仓储费用是＿＿＿＿＿＿元。

8. 按实训规定，实训中的交货地点统一规定为＿＿＿＿＿＿；运输方式是＿＿＿＿＿＿；交货方式是＿＿＿＿＿＿；运输费用统一由＿＿＿＿＿＿负担。

9. 根据实训中的业务经营决策费用参考标准，运费为每千米按商品含税价格的＿＿＿＿＿＿计算；其他流通费用标准，在进行采购业务决策时，按“商品求购订单”价格的＿＿＿＿＿＿综合费率计算；在进行销售业务决策时，按库存商品价格的

_____________综合费率计算。

10. 按照实训的相关“税费标准”的规定，n06 公司至 n08 公司的运输里程是_____________千米，n01 公司至 n04 公司的运输里程是_____________千米。

11. 某商品单价为每台 3 000 元（含税），按照实训规定的“税费标准”计算，则每台每千米的运费是_____________元；假如运输里程 10 千米，则每台运费是_____________元，假如运输 20 台（按 10 千米计算），则应付运费总额是_____________元。

二、单项选择题

1. 根据实训中“税费标准”的规定，发出商品的计价方法统一采用（　　）。

A. 先进先出法　B. 加权平均法　C. 移动加权平均法　D. 个别计价法

2. 某商品的客户求购订单单价为 2 000 元 / 台，在进行采购业务决策时，按实训的“税费标准”规定计算，则该商品每台应负担的其他流通费用为（　　）。

A. 160　B. 16　C. 1.60　D. 24

3. 某库存商品单价为 5 000 元 / 台，在进行销售业务决策时，按实训的“税费标准”规定计算，则该商品每台应负担的其他流通费用为（　　）。

A. 40　B. 600　C. 60　D. 6

4. 根据实训中“税费标准”的规定，从 002 公司至 006 公司的运输距离是（　　）千米。

A. 190　B. 50　C. 180　D. 80

5. 根据实训中“税费标准”的规定，从 003 公司至 007 公司的运输距离是（　　）千米。

A. 90　B. 50　C. 100　D. 80

三、多项选择题

1. 在实际工作中，企业内部机构很多，如办公室、人事、教育、劳动工资、财务、业务、仓储管理、后勤等，但商品购销活动主要由（　　）等部门来完成。

A. 财务　B. 业务　C. 劳动工资　D. 仓储管理

2. 实训中，业务部门一般设置（　　）岗位。

A. 采购业务员　B. 销售业务员　C. 会计员　D. 出纳员

3. 实训中，财务部门一般设置（　　）岗位。

A. 采购业务员　B. 销售业务员　C. 会计员　D. 出纳员

4. 按照实训中的职责分工，下列项目属于业务部门职责范围的有（　　）。

A. 采购成本测算　B. 业务洽谈　C. 登记业务进销存账　D. 商品的收发

5. 按照实训中的职责分工，下列项目属于仓库保管员职责范围的有（　　）。

A. 采购成本的测算　B. 登记实物保管账　C. 登记业务进销存账　D. 商品的收发

6. 按照实训中的职责分工，下列项目属于财务部门职责范围的有（　　）。

A. 货款的结算　B. 开具发票　C. 登记银行存款日记账　D. 与银行对账

项目二

购销业务决策

一、填空题

1. 在实训中，购销业务决策是商品购销活动的重要前提，购销业务决策包括________业务决策和________业务决策。

2. 按照实训中"税费标准"的规定，某公司运输某商品 80 台，商品含税单价是 3 500 元 / 台，运输里程是 190 千米，则每台每千米的运费是________元，应付运费总额是________元。

3. 按照实训中"税费标准"的规定，某公司运输商品 160 台，商品含税单价为 2 600 元 / 台，运输里程是 130 千米，则每台每千米的运费是________元，应付运费总额是________元。

4. 在实训中，采购价格测算主要是保本进货价格和目标进货价的测算，可以采用简化的倒算方法进行估算。即客户求购价格减去________等于保本到货价格；保本到货价格减去________后即为保本进货价格；保本进货价格减去________后即为目标进货价。

5. 在实训中，销售价格决策主要是保本销售价和目标销售价的测算，即库存价格加上________等于保本销售价；保本销售价加上________等于目标销售价。

6. 在实训中，商品销售挂牌价一般大于或等于________。

二、单项选择题

1. 在实训中，对于商品流通企业来说，教程附录 B"各单位库存商品期初结存明细表"中的库存商品价格是（　　）。

A. 含税进价　　B. 不含税进价　　C. 含税售价　　D. 不含税售价

2. 在实训中，对于销售单位来说，买卖合同中的价格为（　　）。

A. 不含税进价　　B. 含税进价　　C. 含税售价　　D. 不含税售价

3. 在实训中，保本进货价是指本公司按此价格购进时为保本的价格。保本进货价等于保本到货价减去（　　）。

A. 运输费用　　B. 税费　　C. 目标进货价　　D. 目标利润

4. 一般来说，在进行交易价格洽谈时，销售方对成交价的要求至少应（　　）才不会亏本。

A. 低于目标销售价　　B. 高于目标销售价
C. 低于保本销售价　　D. 高于保本销售价

5. 一般来说，在进行交易价格洽谈时，购货方对成交价的要求至少应（　　）才不会亏本。

A. 低于目标进货价　　B. 高于保本进货价
C. 低于保本进货价　　D. 高于目标进货价

6. 在实训中，目标销售价是指公司按此价格销售时可获得预定的目标利润，保本销售价加上（　　）后即为目标销售价。

A. 进货成本　　B. 销售税金　　C. 运输费用　　D. 目标利润

7. 在实训中，采购方通过市场询价和目标进货价的测算，可以选择挂牌价较为接近（　　）的供应商进行业务洽谈。

A. 保本进货价　　B. 保本到货价　　C. 目标利润　　D. 目标进货价

三、多项选择题

1. 在实训中，关于教程附录C“客户求购订单明细表”中的价格，对于商品流通企业来说，下列表述不正确的有（　　）。

A. 客户求购订单的单价是含税进价
B. 客户求购订单的单价是不含税进价
C. 客户求购订单的单价是含税售价
D. 客户求购订单的单价是不含税售价

2. 在实训中，关于买卖合同中的价格，对于购货单位来说，下列表述不正确的有（　　）。

A. 合同的单价是不含税售价　　B. 合同的单价是含税售价
C. 合同的单价是不含税进价　　D. 合同的单价是含税进价

3. 在实训中，保本销售价是指公司按此价格销售时为保本的价格。关于保本销售价的计算，下列表述不正确的有（　　）。

A. 保本销售价等于库存商品的价格加上进货成本
B. 保本销售价等于库存商品的价格加上销售税费
C. 保本销售价等于库存商品的价格加上其他流通费用
D. 保本销售价等于库存商品的价格加上目标利润

4. 在实训中，目标进货价是指公司按此价格购进时可获得预定的目标利润。关于目标进货价的计算，下列表述不正确的有（　　）。

A. 目标进货价等于保本进货价减去其他流通费用
B. 目标进货价等于保本进货价减去目标利润
C. 目标进货价等于保本进货价减去运输费用
D. 目标进货价等于保本进货价减去相关税费

四、实务操作训练

【动手小操作 2-1】测算保本到货价

008 公司的客户求购订单明细表表明，天津产 T6816 奇风红蜻蜓电动车的单价为 2 210 元 / 辆（见教程附录 C），请根据实训的相关“税费标准”测算保本到货价，并做简要的分析。

测算保本到货价：

【分析】只要商品运到本公司仓库的成本不超过________元，按________元销售，可获得毛利（含税）________元 / 台，刚好弥补其他流通费用，即保本。

【动手小操作 2-2】，测算保本进货价

接【动手小操作 2-1】。假设 008 公司在市场询价中，发现 002 公司该商品销售的挂牌价为 2 080 元，007 公司该商品销售的挂牌价为 2 120 元。请根据“税费标准”测算保本进货价，并做简要的分析。

（1）测算从 002 公司采购的保本进货价。

【分析】只要进货成交价格不超过 ___________ 元，按 ___________ 元销售，可获得毛利（含税）___________ 元，刚好弥补其他流通费用 ___________ 元，运费 ___________ 元，即保本。

（2）测算从 007 公司采购的保本进货价。

【分析】只要进货成交价格不超过 ______ 元，按 ______ 元销售，可获得毛利（含税）______ 元，刚好弥补其他流通费用 ______ 元，运费 ______ 元，即保本。

【动手小操作 2-3】，测算目标进货价

接【动手小操作 2-2】，假设 008 公司的目标利润率为 4%，请测算目标进货价，并分析优先考虑与哪一家公司进行业务洽谈。

（1）测算从 002 公司采购的目标进货价。

【分析】只要进货成交价格不超过 ______ 元，按 ______ 元销售，可取得毛利（含税）______ 元，弥补其他流通费用 ______ 元，运费 ______ 元后，可获得利润 ______ 元（含税），利润率约 4%。

（2）测算从 007 公司采购的目标进货价。

【分析】只要进货成交价格不超过 ______ 元，按 ______ 元销售，可取得毛利（含税）______ 元，弥补其他流通费用 ______ 元，运费 ______ 元后，可获得利润 ______ 元（含税），利润率约 4%。

【综合分析】

从 002 公司采购的目标进货价（含税）为 ______ 元，其挂牌价为 ______ 元，高于目标进货价 ______ 元。

从 007 公司采购的目标进货价（含税）为 ______ 元，其挂牌价为 ______ 元，高于目标进货价 ______ 元。

应该优先选择与 ______ 公司进行业务洽谈。

【动手小操作 2-4】，综合分析决策

接【动手小操作 2-3】，通过业务洽谈，002 公司最低要求价格为 2 010 元，007 公司最低要求价格为 2 090 元。假设 008 公司拟从其中一家公司进货，请通过测算利润率进行比较，选择其中一家公司进货。

（1）测算从 002 公司进货的利润率。

（2）测算从 007 公司进货的利润率。

（3）根据以上测算结果，从 002 公司进货的利润率为 __________，从 007 公司进货的利润率为 __________，应选择从 __________ 公司进货。

【动手小操作 2-5】测算保本销售价

006 公司库存商品中，上海产 25GW/QB(2) 奥克空调的库存价格为 2 473 元 / 台（见教程附录 B）。请根据“税费标准”测算含税保本销售价，并做简要的分析。

（1）测算保本销售价格（不含税）。

（2）测算保本销售价格（含税）。

分析：只要按照 ___________ 元 / 辆（含税）的价格销售，可取得毛利（不含税）___________ 元，刚好弥补其他流通费用，即保本。

【动手小操作 2-6】测算目标销售价

接【动手小操作 2-5】，假设 006 公司目标利润率为 5%，请测算含税目标销售价，并做简要的分析。

测算目标销售价：

分析：只要按照 ___________ 元 / 辆（含税）的价格销售，可取得毛利（不含税）___________ 元，弥补其他流通费用 ___________ 元后，可获得利润 ___________ 元（不含税），利润率约 5%。

【动手小操作 2-7】签订合同

接【动手小操作 2-4】。2019 年 8 月 10 日，经双方协商一致，008 公司以每辆 2 010 元的价格从 002 公司购进天津产 T6816 奇风红蜻蜓电动车 60 辆。请根据以下资料，代 002 公司和 008 公司拟制买卖合同，如图 2-1 所示。

有关协议及相关资料如下：
质量要求：符合国家标准，包装完好
交货地点：供货方仓库
交货时间：款到提货
货物运输：购货方自提，费用由购货方自理
结算方式：转账
付款期限：2019 年 8 月 20 日
货物单价：2 010 元 / 辆
合同编号：2019-0826
违约责任：按合同法有关规定执行
其他条款按常规处理

002 单位资料如下。
单位名称： 南华市绿源贸易有限公司
地　　址： 南华市绿江大道 916 号
联系电话： 0771—41659587
邮　　编： 530127
法定代表人：仇勇
销售业务员：叶平
开户银行： 工行南华市绿江支行
账　　号： 45001604851367169876

008 单位资料如下。
单位名称： 南华市盛圆工贸有限公司
地　　址： 南华市盛圆路 679 号
联系电话： 0771—33483568
邮　　编： 530091
法定代表人：任建军
采购业务员：阳国华
开户银行： 建行南华市盛圆支行
账　　号： 45001604851367223869

买　卖　合　同

（供买卖工矿产品用）

签订时间＿＿＿＿＿＿

买受人（甲方）＿＿＿＿＿＿＿＿＿＿　合同编号＿＿＿＿＿＿

出卖人（乙方）＿＿＿＿＿＿＿＿＿＿　签订地点＿＿＿＿＿＿

一、产品名称、商标、型号、厂家、数量、金额、供货时间及数量

产品名称	规格型号	计量单位	数量	单价	金额	交（提）货时间
合 计						
合计人民币金额（大写）						

二、质量要求、技术标准、供方对质量负责的条件和期限

三、交（提）货地点、方式

四、运输方式及到达站港和费用负担

五、合理损耗及计算方法

六、包装标准、包装物供应与回收

七、验收标准、方法及提出异议期限

八、随机备品、配件工具数量及供应办法

九、结算方式及期限

十、如需提供担保，另立合同担保书，作为本合同附件。

十一、违约责任

十二、解决合同纠纷的方式

十三、其他约定事项

出卖人:	买受人:	
单位名称（章）:	单位名称（章）:	鉴（公）证意见:
单位地址:	单位地址:	经办人:
法定代表人:	法定代表人:	
委托代理人:	委托代理人:	鉴（公）证机关（章）
电话:	电话:	年 月 日
开户银行:	开户银行:	（注：除国家另有规定外，鉴（公）证实行自愿原则）
账号:	账号:	
邮政编码:	邮政编码:	

图 2-1　买卖合同

项目三

购销业务处理

一、填空题

1. 在实训中，商品出库单的填制应由____________、____________、____________按照职责分工共同完成。

2. 在实训中，商品销售完成后，销售单位业务员应根据商品出库单的“____________”联登记“业务进销存账”减少的“计划数”；根据商品出库单的“____________”联登记“业务进销存账”减少的“实发数”；保管员应根据商品出库单的“____________”联登记“实物保管账”；会计人员应根据结转成本的记账凭证及其所附的商品出库单的“____________”联登记“库存商品明细账”。

3. 按实训要求，商品入库单应由____________制单；实收数由____________填写，实收金额由____________计算填列。

4. 在实训中，商品购进业务完成后，购货单位业务员应根据商品入库单的“____________”联登记“业务进销存账”增加的“应收数”；根据商品入库单的“____________”联登记“业务进销存账”增加的“实收数”。保管员应根据商品入库单的“____________”联登记“实物保管账”。会计人员应根据结转商品入库的记账凭证及其所附的商品入库单的“____________”联登记“库存商品明细账”。

二、单项选择题

1. 在实训中，商品出库单的货款金额为（　　）。

A. 计划数 × 含税进价　　B. 实发数 × 含税售价

C. 计划数 × 不含税售价　　D. 实发数 × 含税进价

2. 在实训中，财务部门应在商品出库单的（　　）盖财务结算章。

A. 第一联、第二联　　B. 第二联、第三联

C. 第二联、第三联、第四联　　D. 第一联、第二联、第三联、第四联

3. 按实训要求，商品出库单中的“单价”为（　　）。

A. 含税进价　　B. 不含税进价　　C. 含税售价　　D. 不含税售价

4. 在实训中，收款单位确认收到货款的原始凭证是（　　）。

A. 转账支票存根

B. 盖有付款单位开户行印章的进账单“回单”

C. 盖有付款单位开户行印章的进账单“收账通知”联

D. 盖有收款单位开户行印章的进账单“收账通知”联

5. 在实训中，销售单位收取货款后，应根据（　　）及相关资料开具增值税专用发票。

A. 购销合同　　B. 商品入库单　　C. 商品出库单　　D. 库存商品明细账

6. 对于销售单位来说，增值税专用发票中的“单价”为（　　）。

A. 不含税进价　　B. 含税进价　　C. 不含税售价　　D. 含税售价

7. 对于购货单位来说，增值税专用发票中的“单价”为（　　）。

A. 不含税进价　　B. 含税进价　　C. 不含税售价　　D. 含税售价

8. 在实训中，销售单位应按（　　）计算并收取货款。

A. 商品出库单的计划数　　B. 商品出库单的实发数

C. 购销合同的数量　　D. 商品入库单的实收数

9. 在实训中，增值税专用发票应由（　　）开具。

A. 会计员　　B. 出纳员　　C. 业务员　　D. 保管员

10. 销售业务完成后，销售单位保管员应取得的原始凭证是（　　）。

A. 商品入库单的“存根”联　　B. 商品出库单的“存根”联

C. 商品入库单的“仓库记账”联　　D. 商品出库单的“提货单（仓库记账）”联

11. 在实训中，支付货款、运费的转账支票应由（　　）填制。

A. 运输公司　　B. 银行　　C. 购货单位　　D. 销货单位

12. 在实训中，转账支票及进账单应由出纳员根据（　　）及相关资料填制。

A. 经审批的付款申请表　　B. 商品出库单

C. 商品入库单　　D. 买卖合同

13. 在实训中，财务部门应在商品入库单的（　　）盖财务结算章。

A. 第一联、第二联、第三联　　B. 第二联、第三联

C. 第二联、第三联、第四联　　D. 第一联、第二联、第三联、第四联

14. 按实训要求，商品入库单中的“单价”为（　　）。

A. 不含税进价　　B. 含税进价　　C. 不含税售价　　D. 含税售价

15. 采购业务完成后，保管员应取得的原始凭证是（　　）。

A. 商品入库单的“存根”联　　B. 商品出库单“存根”联

C. 商品出库单的“仓库记账”联　　D. 商品入库单的“仓库记账”联

16. 在实训中，购进业务完成并验收入库后，保管员应根据（　　）登记实物保管账。

A. 商品出库单　　B. 商品入库单　　C. 增值税专用发票　　D. 购销合同

17. 在实训中，业务员应根据（　　）登记“业务进销存账”的实收数。

A. 商品出库单的“存根”联　　B. 商品出库单的“业务记账”联

C. 商品入库单的“存根”联　　D. 商品入库单的“业务记账”联

三、多项选择题

1. 在实训中，出库单的填制应由（　　）分工负责、共同完成。
   A. 业务员　　B. 保管员　　C. 会计员　　D. 出纳员
2. 按照实训要求，关于商品出库单的填制方法，下列表述正确的有（　　）。
   A. “计划数”填写客户计划购买商品的数量，一般按合同的数量填写
   B. “实发数”填写实际发出的商品数量，一般由仓库保管员点验商品后填写
   C. “单价”填写销售商品的含税销售单价
   D. “金额”填写销售商品的货款金额，即“金额”=“单价”×“实发数”
3. 按照实训要求，关于商品出库单的填制方法，下列表述正确的有（　　）。
   A. “计划数”由业务员根据合同的数量填写
   B. “实发数”由保管员按照实际发货的数量填写
   C. “单价”由会计人员根据合同的单价填写
   D. “内部核算资料”应由业务员按照商品进货单位成本和总成本填写

4. 按照实训要求，关于增值税专用发票的填制方法，下列表述正确的有（　　）。
   A. “数量”：填写销售商品的数量，根据买卖合同的数量填写
   B. “单价”：填写销售商品的不含税销售单价
   C. “金额”：填写销售商品的不含税货款金额，即“金额”=“单价”×“数量”
   D. “税额”：填写销售商品的增值税税额，即“税额”=“金额”×“税率”
5. 按照实训要求，关于增值税专用发票的填制方法，下列表述正确的有（　　）。
   A. 增值税专用发票的数量应与商品出库单的“实发数”相一致
   B. 增值税专用发票的数量应与买卖合同的数量相一致
   C. 含税与不含税单价的换算公式为：不含税单价＝含税单价÷（1＋适用增值税税率）
   D. 增值税专用发票的价税合计应与商品出库单的合计金额相一致
6. 销售业务完成后，销售单位会计员应取得的原始凭证包括（　　）。
   A. 增值税专用发票的“记账”联　　B. 商品出库单的“存根”联
   C. 商品出库单的“财务记账”联　　D. 银行进账单的“收账通知”联
7. 销售业务完成后，销售单位业务员应取得的原始凭证是（　　）。
   A. 商品入库单的“存根联”　　B. 商品出库单的“存根”联
   C. 商品出库单的“业务记账”联　　D. 商品入库单的“业务记账”联
8. 按照实训要求，关于编制商品销售收入的记账凭证，下列表述正确的有（　　）。
   A. 根据转账支票存根和进账单“回单”联的金额，贷记“银行存款”
   B. 根据进账单“收账通知”联的金额，借记“银行存款”
   C. 根据增值税专用发票的货款金额，贷记“主营业务收入”
   D. 根据增值税专用发票的税额，贷记“应交税费——应交增值税（销项税额）”
9. 在实训中，反映商品进销存情况的账簿包括（　　）。
   A. 财务部门的“库存商品明细账”　　B. 业务部门的“业务进销存账”
   C. 仓库管理部门的“实物保管账”　　D. 商品盘点明细表

10. 采购业务完成后，会计人员应取得的原始凭证包括（　　）。

A. 增值税专用发票的“发票联”、“抵扣联”

B. 运输发票的“发票联”、“抵扣联”

C. 支付货款和支付运费的付款申请表、进账单“回单”和转账支票的“存根”联

D. 商品入库单的“财务记账”联

11. 采购业务完成后，业务员应取得的原始凭证是（　　）。

A. 商品入库单的“存根”联　　B. 商品出库单的“存根”联

C. 商品出库单的“业务记账”联　　D. 商品入库单的“业务记账”联

12. 编制商品采购的记账凭证时，应根据增值税专用发票的“发票联”、“抵扣联”（　　）。

A. 借记“库存商品”　　B. 借记“在途物资”

C. 借记“应交税费”　　D. 贷记“在途物资”

13. 按照实训要求，关于编制商品采购的记账凭证，下列表述正确的有（　　）。

A. 根据增值税专用发票的货款金额（不含税），借记“在途物资”

B. 根据增值税专用发票的税额，借记“应交税费——应交增值税（进项税额）”

C. 根据货物运输业增值税专用发票的运费金额（不含税），借记“销售费用”

D. 根据货物运输业增值税专用发票的税额，借记“应交税费——应交增值税（进项税额）”

14. 按照实训要求，关于销售利润核算表的填制方法，下列表述正确的有（　　）。

A. “数量”填写实际销售的数量

B. “销售收入”填写销售商品的不含税售价和金额（金额 = 单价 × 数量）

C. “进货成本”填写销售商品的不含税进价和金额（金额 = 单价 × 数量）

D. “运输费”填写购进该商品实际发生的运输费用

15. 在实际工作中，下列反映库存商品、物资减少的原始凭证是（　　）。

A. 出库单　　B. 入库单　　C. 收料单　　D. 领料单

16. 在实际工作中，下列反映库存商品、物资增加的原始凭证是（　　）。

A. 出库单　　B. 入库单　　C. 收料单　　D. 领料单

四、识图填空（根据图表的内容完成填空）

1. 银行进账单，如图 3-1 所示，付款单位（填空时，以单位编号表示，下同）是____________，收款单位是____________，款项金额是____________元，票据种类是____________，票据号码是____________。

2. 增值税专用发票，如图 3-2 所示，购货单位是____________、销货单位是____________、商品名称是____________，商品数量是____________，商品单价是____________元，不含税货款金额是____________元，税额是____________元，价税合计是____________元。

中国建设银行 进账单（收账通知） ③

2019 年 8 月 7 日

出票人	全称	（006）南华市兴盛工贸有限公司	收款人	全称	（005）南华市青青工业品贸易公司
	账号	45001604851367916126		账号	45001604851367315677
	开户银行	建行南华市滨江支行		开户银行	工行南华市青山支行
金额	人民币（大写）	柒万贰仟叁佰元整	亿 千 百 十 万 千 百 十 元 角 分		¥ 7 2 3 0 0 0 0
票据种类	转账支票	票据张数	1		
票据号码	30063268				
复核	记账		收款人开户银行签章		

此联收款人开户行交收款人的收账通知

图 3–1 银行进账单（收账通知）

南华市增值税专用发票

4500042140　　记账联　　NO：02455263

开票日期：2019 年 8 月 7 日

购货单位	名称：（006）南华市兴盛工贸有限公司				密码区	略	
	纳税人识别号：440110085487231						
	地址、电话：电话：南华市滨江路866号 0771－35486716						
	开户行及账号：建行南华市滨江支行 45001604851367916126						
货物或应税劳务名称	规格型号	单位	数量	单价	金额	税率	税额
西口牌电冰箱	kk19v61ti	台	30	2 077.59	62 327.59	16%	9 972.41
合计					¥ 62 327.59		¥ 9 972.41
价税合计（大写）	人民币柒万贰仟叁佰元整					小写：¥ 72 300.00	
销货单位	名称：（005）南华市青青工业品贸易公司				备注		
	纳税人识别号：440122316560323						
	地址、电话：南华市青山大道216号 0771－81659433						
	开户行及账号：工行南华市青山支行 45001604851367315677						

收款人：　　复核：郝莉丽　　开票人：张芬　　销货单位：（章）

第四联：销货方记账凭证

图 3–2 增值税专用发票（记账联）

3. 商品出库单，如图 3-3 所示，购货单位是____________，商品名称是____________，计划发出数量是____________，实际发出数量是____________，商品单价是____________元，货款金额是____________元，制单人是____________，发货人是____________，提货人是____________，会计是____________。

4. 实物保管账，如图 3-4 所示，商品名称是____________，8 月 1 日期初结存是____________台，8 月 6 日计划发出数量是____________台，实际发出数量是____________台，8 月 6 日期末结存数量是____________台。

商　品　出　库　单

No：201500316

购货单位：（006）南华市兴盛工贸有限公司　　　　开单日期：2019 年 8 月 7 日

商品名称	型号规格	计量单位	计划数	实发数	单　价	金　额	内部核算资料	
							单位成本	总成本
西口牌电冰箱	kk19v61ti	台	30	30	2 410.00	72 300.00		
合　计						72 300.00		
合计金额（大写）	柒万贰仟叁佰元整							

第二联：提货单（仓库记账）

南华市菁菁工业品贸易公司 业务专用章

南华市菁菁工业品贸易公司 财务结算章 2019.08.07

会计：张芬　　保管：王小平　　提货：姚建钧　　制单：赵宁

图 3–3　商品出库单（提货单）

实 物 保 管 账

总第　　页 分第　　页

品名：西口牌冰箱　　规格：kk19v61ti　　计量单位：台　　单位价格：1951　　存放地点：

2019年		凭证号	摘　要	收入（增加）				发出（减少）				结　存		核对
				应收数		实收数		计划数		实发数				
月	日			件数	数量	件数	数量	件数	数量	件数	数量	件数	数量	
8	1		上月结存									5	50	
8	6		销售						30	3	30	2	20	

图 3–4　实物保管账

5. 公路运输托运单，如图 3-5 所示，托运单位是＿＿＿＿＿＿＿，托运货物是＿＿＿＿＿＿＿，托运数量是＿＿＿＿＿＿＿台，货物单价是＿＿＿＿＿＿＿元，计费数量是＿＿＿＿＿＿＿台，运输里程是＿＿＿＿＿＿＿千米，每台每千米的运价是＿＿＿＿＿＿＿元，合计运费金额是＿＿＿＿＿＿＿元。

6. 商品入库单，如图 3-6 所示，供货单位是＿＿＿＿＿＿＿，商品名称是＿＿＿＿＿＿＿，商品单价是＿＿＿＿＿＿＿元，应收数量是＿＿＿＿＿＿＿台，金额是＿＿＿＿＿＿＿元；实收数量是＿＿＿＿＿＿＿台，金额是＿＿＿＿＿＿＿元；制单人是＿＿＿＿＿＿＿，验收人是＿＿＿＿＿＿＿，会计是＿＿＿＿＿＿＿，复核人是＿＿＿＿＿＿＿。

公路运输托运单

No：201500316

托运单位：（006）南华市兴盛工贸有限公司　　开单日期：2019 年 8 月 7 日

提货单号码：			装货地点：005公司				卸货地点：006公司	
货物品名	计量单位	件数	数量	货物单价	计费数量	运输里程（千米）	单位运价（元/千米）	运费金额
电冰箱	台	3	30	2 410	30	90	0.964	2 602.80
合　计								2 602.80
托运事项	1. 是否危险品（　） 2. 有自备机具装车（　） 3. 有自备机具卸车（　）			托运单位盖章 2019 年 8 月 7 日			承运单位盖章 2019 年 8 月 7 日	
备注								

第二联：托运人留存

承运单位经办人（签名）：黄坚强　　托运单位经办人（签名）：毛逸民

图 3-5　公路运输托运单

商　品　入　库　单

No：3062293

供货单位：（005）南华市青青工业品贸易公司　　开单日期：2019 年 8 月 7 日

商品名称	型号规格	计量单位	单价	应收数		实收数		盈亏数（+、-）	
				数量	金额	数量	金额	数量	金额
西口牌电冰箱	kk19v61ti	台	2 077.59	30	62 327.59	30	62 327.59		
合　计									

第三联：财务记账

复核：张倩茜　　会计：单丽娜　　验收：季强　　制单：毛逸民

图 3-6　商品入库单

五、实务操作训练

本项目实训操作训练以（001）南华市小太阳工贸有限公司（以下简称“001 公司”）与（008）南华市佳艺贸易有限公司（以下简称“008 公司”）签订的买卖合同（见图 3-7）为背景，按照购销业务处理的基本流程和实训操作要求，以项目任务为驱动，基于工作过程导向组织学生进行实务操作训练，包括销售单位填制商品出库单、收取货款、开具货物发票、发出商品；购货单位支付货款、办理运输、办理商品入库、将采购完成的商品销售给代理公司等业务处理。

买　卖　合　同

（供买卖工矿产品用）

签订时间　2019年8月6日

买受人（甲方）　（008）南华市佳艺贸易有限公司　　合同编号　2019-0812

出卖人（乙方）　（001）南华市小太阳工贸有限公司　　签订地点　南华市

一、产品名称、商标、型号、厂家、数量、金额、供货时间及数量

产品名称	规格、型号	计量单位	数量	单价	金额	交（提）货时间
数码相机	佳华A6501S	台	40	2 360.00	94 400.00	
合　计					94 400.00	
合计人民币金额（大写）玖万肆仟肆佰元整						

二、质量要求、技术标准、供方对质量负责的条件和期限

按国家标准执行

三、交（提）货地点、方式

乙方仓库，甲方自提

四、运输方式及到达站港和费用负担

自提，费用由甲方负担

五、合理损耗及计算方法

按国家标准执行

六、包装标准、包装物供应与回收

按国家标准，包装物不回收

七、验收标准、方法及提出异议期限

验收按国家相关规定执行。若有异议在十五天内提出

八、随机备品、配件工具数量及供应办法

无

九、结算方式及期限

转账结算，8月15日前付款，款到发货

十、如需提供担保，另立合同担保书，作为本合同附件。

无

十一、违约责任

按合同法相关规定执行。

十二、解决合同纠纷的方式

双方协商解决，协商不成由签约地仲裁机构仲裁，也可以向人民法院起诉

十三、其他约定事项

未尽事宜，双方协商解决。协商不成由签约地仲裁机构仲裁，也可以向人民法院起诉

出卖人	买受人	鉴（公）证
出卖人：南华市小太阳工贸有限公司	买受人：南华市佳艺贸易有限公司	
单位名称（章）：	单位名称（章）：	鉴（公）证意见：
单位地址：南华市宁滨大道376号	单位地址：南华市千山大道492号	经办人：
法定代表人：刘明涛	法定代表人：陆[illegible]	
委托代理人：	委托代理人：	鉴（公）证机关（章）
电　　话：0771-38696864	电　　话：0771-69897163	年　月　日
开户银行：建行南华市宁安支行	开户银行：工行南华市江北支行	（注：除国家另有规定外，鉴（公）证实行自愿原则）
账　　号：45001604851366868225	账　　号：45001604851367958666	
邮政编码：530096	邮政编码：530107	

图 3-7　买卖合同

【动手小操作 3-1】填制及其传递商品出库单

【情景】

（1）001 公司与 008 公司签订的买卖合同如图 3-7 所示。

（2）001 公司的“业务进销存账”如图 3-8 所示。

（3）001 公司的“实物保管账”如图 3-9 所示。

（4）2019 年 8 月 7 日，001 公司开具商品出库单。

【实训用品】

（1）商品出库单（一式四联）。

（2）001 公司业务专用章。

（3）001 公司财务结算章。

（4）佳华数码相机（A650IS）商品实物 5 件，共 50 台（教学用模拟实物，下同）。

业务进销存账

总第　页 分第　页

品名：佳华数码相机　规格：A650IS　计量单位：台　单位价格：1941.00　存放地点：

2019年		凭证号	摘要	收入（增加）				发出（减少）				结存		核对
				应收数		实收数		计划数		实发数				
月	日			件数	数量	件数	数量	件数	数量	件数	数量	件数	数量	
8	1		上月结存										50	

图 3–8　业务进销存账

实物保管账

总第　页 分第　页

品名：佳华数码相机　规格：A650IS　计量单位：台　单位价格：1941.00　存放地点：

2019年		凭证号	摘要	收入（增加）				发出（减少）				结存		核对
				应收数		实收数		计划数		实发数				
月	日			件数	数量	件数	数量	件数	数量	件数	数量	件数	数量	
8	1		上月结存									5	50	

图 3–9　实物保管账

【操作要求】

三人一组，分别担任（001）公司的销售业务员、仓库保管员、会计员。

销售业务员：

（1）根据合同填制商品出库单（一式四联，复写），签名并加盖业务专用章，留下存根，将其余三联交给保管员。

（2）根据存根联登记“业务进销存账”（见图 3-8）发出的计划数。

（3）同时，将出库单填制结果复制到图 3-10 商品出库单的“存根”联。

仓库保管员：

（1）清点商品实物，确认可以如数发出4件，共40台。

（2）填写商品出库单的实发数（一式三联，复写），并据以登记“实物保管账”（见图3-9）发出的计划数；在商品出库单上签名后一起交给会计员。

会计员：

（1）对商品出库单进行审核，确认无误后，计算并填写货款金额（包括合计、大写金额）；在综合实训中，应根据货款金额通知购货单位付款。

（2）确认收到货款后，在商品出库单上签名并加盖财务结算章（一式三联，复写）；同时，将出库单的填制结果分别复制到图3-11～图3-13商品出库单“提货单（仓库记账）”联、“财务记账”联、“业务记账”联。

（3）留下商品出库单“财务记账”联；将“提货单（仓库记账）”联交购货单位作为提货的凭证；“业务记账”联交销售业务员记账。

商　品　出　库　单　　No：20150362

购货单位：　　　　开单日期：　　年　月　日

商品名称	型号、规格	计量单位	计划数	实发数	单价	金额	内部核算资料	
							单位成本	总成本
合　计								
合计金额（大写）								

会计：　　保管：　　提货：　　制单：

第一联：存根

图3-10　商品出库单（存根）

商　品　出　库　单　　No：20150362

购货单位：　　　　开单日期：　　年　月　日

商品名称	型号、规格	计量单位	计划数	实发数	单价	金额	内部核算	
							单位成本	总成本
合　计								
合计金额（大写）								

会计：　　保管：　　提货：　　制单：

第二联：提货单（仓库记账）

图3-11　商品出库单（提货单）

商 品 出 库 单

No：20150362

购货单位：　　　　　　　　　　　　开单日期：　　年　月　日

商品名称	型号、规格	计量单位	计划数	实发数	单 价	金 额	内部核算资料	
							单位成本	总成本
合　计								
合计金额（大写）								

第三联：财务记账

会计：　　　保管：　　　提货：　　　制单：

图 3-12　商品出库单（财务记账）

商 品 出 库 单

No：20150362

购货单位：　　　　　　　　　　　　开单日期：　　年　月　日

商品名称	型号、规格	计量单位	计划数	实发数	单 价	金 额	内部核算资料	
							单位成本	总成本
合　计								
合计金额（大写）								

第四联：业务记账

会计：　　　保管：　　　提货：　　　制单：

图 3-13　商品出库单（业务记账）

【动手小操作 3-2】开具增值税专用发票

【情景】

（1）2019 年 8 月 7 日，收取货款后，001 公司开具增值税专用发票。

（2）纳税人识别号：001 南华市小太阳工贸有限公司　440110085030362

008 南华市佳艺贸易有限公司　440110085035439

【实训用品】

（1）增值税专用发票（一式四联）。

（2）填制完成的商品出库单“财务记账”联。

（3）001 公司发票专用章。

（4）001 公司财务结算章。

【操作要求】

两人一组，分别担任（001）公司的开票员、会计员（兼复核）。

开票员：填制增值税专用发票（一式四联，复写），签名并加盖发票专用章；留下存根联，将其余三联交会计员复核；同时，将填制结果复制到图 3-14 增值税专用发票“存根联”。

南华市增值税专用发票

全国统一发票监制章　南华市　国家税务总局监制

4500042140　　　　**存 根 联**　　　　NO：20607867

开票日期：　　年　　月　　日

购货单位	名　　称：	密码区	略
	纳税人识别号：		
	地址、 电话：		
	开户行及账号：		

货物或应税劳务名称	规格型号	单位	数量	单价	金额	税率	税额
合　　计							
价税合计（大写）						小写：¥	

销货单位	名　　称：	备注	
	纳税人识别号：		
	地址、 电话：		
	开户行及账号：		

收款人：　　　　复核：　　　　开票人：　　　　销货单位：（章）

第一联：存根

图 3-14　增值税专用发票（存根联）

会计员：

（1）对增值税专用发票进行复核，确认无误后，签名（一式三联，复写）。

（2）将“发票联”和“抵扣联”交给购货单位业务员；在“记账联”加盖财务结算章后留下。同时，将填制结果分别复制到图 3-15～图 3-17 增值税专用发票“发票联”“抵扣联”“记账联”。

南华市增值税专用发票

全国统一发票监制章 南华市 发票联 国家税务总局监制

4500042140　　　　NO：20607867

开票日期：　　年　月　日

购货单位	名　　称： 纳税人识别号： 地址、电话： 开户行及账号：				密码区	略		
货物或应税劳务名称	规格型号	单位	数量	单价	金额		税率	税额
合　计								
价税合计（大写）							小写：¥	
销货单位	名　　称： 纳税人识别号： 地址、电话： 开户行及账号：				备注			

收款人：　　复核：　　开票人：　　销货单位：（章）

第二联：购货方记账凭证

图 3–15　增值税专用发票（发票联）

南华市增值税专用发票

全国统一发票监制章 南华市 抵扣联 国家税务总局监制

4500042140　　　　NO：20607867

开票日期：　　年　月　日

购货单位	名　　称： 纳税人识别号： 地址、电话： 开户行及账号：				密码区	略		
货物或应税劳务名称	规格型号	单位	数量	单价	金额		税率	税额
合　计								
价税合计（大写）							小写：¥	
销货单位	名　　称： 纳税人识别号： 地址、电话： 开户行及账号：				备注			

收款人：　　复核：　　开票人：　　销货单位：（章）

第三联：购货方抵扣凭证

图 3–16　增值税专用发票（抵扣联）

南华市增值税专用发票

全国统一发票监制章　南华市　国家税务总局监制

4500042140　　记 账 联　　NO：20607867

开票日期：　　年　月　日

购货单位	名　　称：	密码区	略
	纳税人识别号：		
	地址、电话：		
	开户行及账号：		

货物或应税劳务名称	规格型号	单位	数量	单价	金额	税率	税额
合　计							
价税合计（大写）						小写：¥	

销货单位	名　　称：	备注	
	纳税人识别号：		
	地址、电话：		
	开户行及账号：		

收款人：　　　复核：　　　开票人：　　　销货单位：（章）

第四联：销货方记账凭证

图 3-17　增值税专用发票（记账联）

【动手小操作 3-3】编制确认商品销售收入的记账凭证

【情景】

2019 年 8 月 7 日，001 公司编制确认商品销售收入的记账凭证。

【实训用品】

（1）通用记账凭证。

（2）填制完成的增值税专用发票“记账联”（见图 3-17）。

（3）银行进账单“收账通知”（见图 3-18）。

中国工商银行　进账单　（收账通知）　③

2019 年 8 月 7 日

出票人	全　称	(008) 南华市佳艺贸易有限公司	收款人	全　称	(001) 南华市小太阳工贸有限公司
	账　号	4500160485136795 8666		账　号	450016048513666 8225
	开户银行	工行南华市江北支行		开户银行	建行南华市宁安支行
金额	人民币（大写）	玖万肆仟肆佰元整		亿千百十万千百十元角分	¥ 9 4 4 0 0 0 0
票据种类		转账支票	票据张数	1	
票据号码		2317282			
	复核	记账		收款人开户银行签章	

中国建设银行股份有限公司　南华市宁安支行　2019.08.07　办讫章　（3）

此联收款人开户行交收款人的收账通知

图 3-18　银行进账单（收账通知）

【操作要求】

两人一组，分别担任（001）公司的会计员 1、会计员 2（兼复核）。

会计员 1：

填制记账凭证，签名，附上原始凭证后交给负责复核的会计员复核。

会计员 2：

对记账凭证及其所附的原始凭证进行复核，确认无误后，签名并退回给会计员 1。同时，将填制结果复制到图 3-19 记账凭证。

记　账　凭　证

年　　月　　日　　　　　　　　字　　　　号

摘要	总账科目	明细科目	借方金额										√	贷方金额										√
			千	百	十	万	千	百	十	元	角	分		千	百	十	万	千	百	十	元	角	分	
合　计																								

附件　　张

会计主管：　　　记账：　　　复核：　　　制单：

图 3-19　记账凭证

【动手小操作 3-4】编制结转商品销售成本的记账凭证，登记账簿

【情景】

2019 年 8 月 7 日，001 公司编制结转商品销售成本的记账凭证。

【实训用品】

（1）通用记账凭证。

（2）填制完成的商品出库单“财务记账”联（见图 3-12）。

（3）库存商品明细账（见图 3-20）。

库 存 商 品 明 细 账

品名规格 佳华数码相机 A6501S　　产地　　　计量单位 台　　　总第　　页　分第　　页

2019年		凭证		摘要	单价	借方（收入）											贷方（发出）											结存											保本期	保利期
月	日	字	号			购进数量	其他数量	金额									销售数量	其他数量	金额									数量	均价	金额										
								百	十	万	千	百	十	元	角	分			百	十	万	千	百	十	元	角	分			百	十	万	千	百	十	元	角	分		
8	1			上月结存																								50	1 941.00			9	7	0	5	0	0	0		

图 3-20　库存商品明细账

【操作要求】

两人一组，分别担任（001）公司的会计员1、会计员2（兼复核）。

会计员1：

（1）根据库存商品明细账的库存单价计算并填写商品出库单“财务记账”联的内部核算的单位成本、总成本。同时，将填制结果复制到图3-12商品出库单“财务记账”联。

（2）根据商品出库单的总成本填制记账凭证，签名，附上原始凭证后交给负责复核的会计员复核。

会计员2：

对记账凭证及其所附的原始凭证进行复核，确认无误后，签名并退还会计员1。同时，将填制结果复制到图3-21记账凭证。

会计员1：

根据经复核的记账凭证及其所附的原始凭证登记库存商品明细账。同时，将填制结果复制到图3-20库存商品明细账。

记　账　凭　证

年　　月　　日　　　　　　　　　　　　　　　　______字______号

摘要	总账科目	明细科目	借方金额										√	贷方金额										√
			千	百	十	万	千	百	十	元	角	分		千	百	十	万	千	百	十	元	角	分	
合　计																								

附件　　张

会计主管：　　　　记账：　　　　复核：　　　　制单：

图3-21　记账凭证

【动手小操作 3-5】办理支付货款的申请、审批

【情景】

2019年8月7日，008公司接到001公司的付款通知。

【实训用品】

（1）付款申请表（见图3-22）。

（2）买卖合同（见图3-7）。

【操作要求】

四人一组，分别担任（008）公司的采购业务员、业务部经理、财务部经理、总经理。

采购业务员：根据合同填制付款申请表，签名后交给业务部经理审批。

业务部经理：审核同意并签名后，由采购业务员送交财务部经理审核。

财务部经理：审核同意并签名后，由采购业务员送交总经理审批。

总经理：审核同意并签名后，由采购业务员送交财务部办理付款手续。同时，将填制结果复制到图 3-22 付款申请表。

付 款 申 请 表

年　　月　　日

<table>
<tr><td>收款单位
全　称</td><td colspan="2"></td><td>付款
方式</td><td></td></tr>
<tr><td>开户银行</td><td colspan="2"></td><td>账号</td><td></td></tr>
<tr><td>付款金额
（大写）</td><td colspan="3"></td><td>（小写）：¥ ________</td></tr>
<tr><td>款项用途</td><td colspan="4"></td></tr>
<tr><td>申请部门</td><td></td><td colspan="2">经办人(签名)</td><td></td></tr>
<tr><td>部门主管
审批意见</td><td colspan="4"></td></tr>
<tr><td>财务主管
审批意见</td><td colspan="4"></td></tr>
<tr><td>单位负责人
审批意见</td><td colspan="4"></td></tr>
</table>

图 3-22　付款申请表

【动手小操作 3-6】办理转账付款手续

【情景】

2019 年 8 月 7 日，008 公司出纳员接到采购业务员交来经审批的付款申请表。

【实训用品】

（1）转账支票。

（2）银行进账单（一式三联）。

（3）银行印鉴：财务专用章（财务部经理保管）、私人印章（出纳员保管）。

（4）付款单位银行章。

（5）收款单位银行章。

【操作要求】

五人一组，分别担任（008）公司的出纳员、财务部经理；付款单位开户银行营业员、收款单位开户银行营业员；001 公司出纳员。

出纳员：

（1）对付款申请表进行审核，特别注意审批手续是否符合规定要求。

（2）根据付款申请表填制转账支票、进账单。

（3）留下转账支票存根后，在正联上加盖本人保管的印鉴后送财务部经理加盖印鉴。

财务部经理：审核无误后加盖印鉴，退还出纳员。

出纳员：持转账支票正联和银行进账单（一式三联）送交银行办理转账付款手续。

付款单位开户银行营业员：

（1）留下转账支票正联，在进账单（回单）联上加盖银行受理印章后退还付款单位出纳。

（2）在进账单（贷方凭证）上加盖银行受理印章后，与进账单（收账通知）联一起送交收款单位开户银行。

收款单位开户银行营业员：

（1）留下进账单（贷方凭证）联。

（2）在进账单（收账通知）联上加盖银行受理印章后交给收款单位出纳员。

办理完成后，将转账支票填制结果复制到图 3-23；将进账单填制结果分别复制到图 3-24～图 3-26 进账单“回单”联、“贷方凭证”联、“收账通知”联。

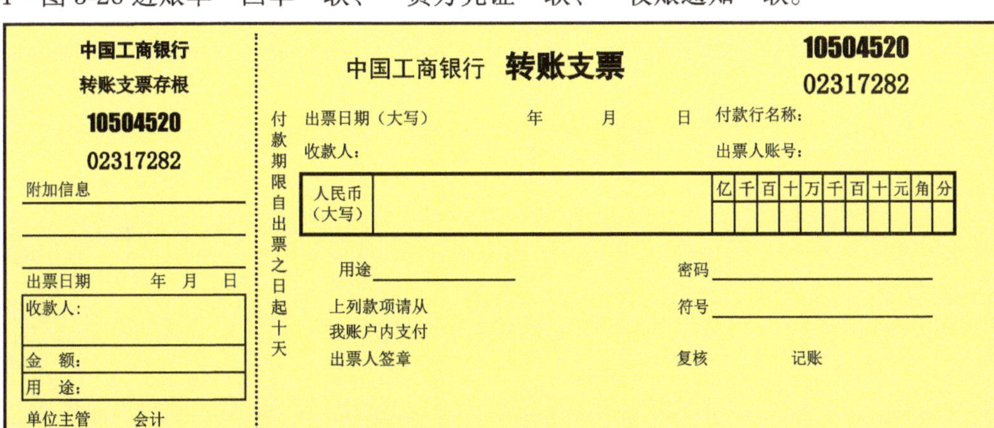
中国工商银行
转账支票存根
10504520
02317282
附加信息
出票日期 年 月 日
收款人：
金 额：
用 途：
单位主管 会计

付款期限自出票之日起十天

中国工商银行 转账支票 10504520 02317282
出票日期（大写） 年 月 日 付款行名称：
收款人： 出票人账号：

人民币（大写）		亿	千	百	十	万	千	百	十	元	角	分

用途 密码
上列款项请从 符号
我账户内支付
出票人签章 复核 记账

图 3–23 银行转账支票（正联）

中国工商银行 **进账单** （回　单）　　①

年　　月　　日

<table>
<tr><td rowspan="3">出票人</td><td>全　称</td><td></td><td rowspan="3">收款人</td><td>全　称</td><td colspan="12"></td></tr>
<tr><td>账　号</td><td></td><td>账　号</td><td colspan="12"></td></tr>
<tr><td>开户银行</td><td></td><td>开户银行</td><td colspan="12"></td></tr>
<tr><td rowspan="2">金额</td><td rowspan="2">人民币（大写）</td><td colspan="3" rowspan="2"></td><td>亿</td><td>千</td><td>百</td><td>十</td><td>万</td><td>千</td><td>百</td><td>十</td><td>元</td><td>角</td><td>分</td></tr>
<tr><td></td><td></td><td></td><td></td><td></td><td></td><td></td><td></td><td></td><td></td><td></td></tr>
<tr><td colspan="2">票据种类</td><td></td><td>票据张数</td><td></td><td colspan="12" rowspan="3">出票人开户银行签章</td></tr>
<tr><td colspan="2">票据号码</td><td colspan="3"></td></tr>
<tr><td colspan="5">复核　　　　记账</td></tr>
</table>

此联开户行交持（出）票人的回单

注：一式三联，第一联　回单、第二联　贷方凭证、第三联　收账通知。

图 3-24　银行进账单（回单）

中国工商银行 **进账单** （贷方凭证）　　②

年　　月　　日

<table>
<tr><td rowspan="3">出票人</td><td>全　称</td><td></td><td rowspan="3">收款人</td><td>全　称</td><td colspan="12"></td></tr>
<tr><td>账　号</td><td></td><td>账　号</td><td colspan="12"></td></tr>
<tr><td>开户银行</td><td></td><td>开户银行</td><td colspan="12"></td></tr>
<tr><td rowspan="2">金额</td><td rowspan="2">人民币（大写）</td><td colspan="3" rowspan="2"></td><td>亿</td><td>千</td><td>百</td><td>十</td><td>万</td><td>千</td><td>百</td><td>十</td><td>元</td><td>角</td><td>分</td></tr>
<tr><td></td><td></td><td></td><td></td><td></td><td></td><td></td><td></td><td></td><td></td><td></td></tr>
<tr><td colspan="2">票据种类</td><td></td><td>票据张数</td><td></td><td colspan="12" rowspan="3">出票人开户银行签章</td></tr>
<tr><td colspan="2">票据号码</td><td colspan="3"></td></tr>
<tr><td colspan="5">复核　　　　记账</td></tr>
</table>

此联收款人开户行作贷方凭证

图 3-25　银行进账单（贷方凭证）

中国工商银行 **进账单** （收账通知）　　③

年　　月　　日

<table>
<tr><td rowspan="3">出票人</td><td>全　称</td><td></td><td rowspan="3">收款人</td><td>全　称</td><td colspan="12"></td></tr>
<tr><td>账　号</td><td></td><td>账　号</td><td colspan="12"></td></tr>
<tr><td>开户银行</td><td></td><td>开户银行</td><td colspan="12"></td></tr>
<tr><td rowspan="2">金额</td><td rowspan="2">人民币（大写）</td><td colspan="3" rowspan="2"></td><td>亿</td><td>千</td><td>百</td><td>十</td><td>万</td><td>千</td><td>百</td><td>十</td><td>元</td><td>角</td><td>分</td></tr>
<tr><td></td><td></td><td></td><td></td><td></td><td></td><td></td><td></td><td></td><td></td><td></td></tr>
<tr><td colspan="2">票据种类</td><td></td><td>票据张数</td><td></td><td colspan="12" rowspan="3">收款人开户银行签章</td></tr>
<tr><td colspan="2">票据号码</td><td colspan="3"></td></tr>
<tr><td colspan="5">复核　　　　记账</td></tr>
</table>

此联收款人开户行交收款人的收账通知

图 3-26　银行进账单（收账通知）

【动手小操作 3-7】填制支付运费的付款申请表、转账支票、进账单

【情景】

（1）2019 年 8 月 7 日，008 公司办妥托运手续，并取得托运单（见图 3-27）。

（2）运输公司开户银行、账号如下。

单位名称：南华市工贸物流有限公司

开户银行：工行南华市青山支行

账　　号：45001604216526083126

【实训用品】

（1）付款申请表。

（2）转账支票。

（2）银行进账单（一式三联）。

公 路 运 输 托 运 单

No：201502231

托运单位：（008）南华市佳艺贸易有限公司　　　　开单日期：2019 年 8 月 7 日

提货单号码：			装货地点：001 公司				卸货地点：008 公司	
货物品名	计量单位	件数	数量	货物单价	计费数量	运输里程（千米）	单位运价（元/千米）	运费金额
佳华数码相机	台	4	40	2 360	40	50	0.944	1 888.00
合　计								1 888.00
托运事项	1. 是否危险品（　）			托运单位盖章			承运单位盖章	
	2. 有自备机具装车（　）			南华市佳艺贸易有限公司 合同专用章			南华市工贸物流有限公司 业务专用章	
	3. 有自备机具卸车（　）			2019 年 8 月 7 日			2019 年 8 月 7 日	
备注								

第二联：托运人留存

承运单位经办人（签名）：王延庆　　　　托运单位经办人（签名）：易季雄

图 3-27　公路运输托运单

【操作要求】

五人一组，分别担任（008）公司的采购业务员、业务部经理、财务部经理、总经理、出纳员。

采购业务员：

根据托运单填制付款申请表，分别送交业务部经理、财务部经理和总经理审批签名后，交给出纳员办理付款手续。

出纳员：

（1）根据付款申请表填制转账支票、进账单。

（2）办理完成后，将填制结果分别复制到图 3-28 付款申请表、图 3-29 转账支票、图 3-30 银行进账单。

付款申请表

年　　月　　日

<table>
<tr><td colspan="2">收款单位
全　　称</td><td colspan="2"></td><td>付款
方式</td><td></td></tr>
<tr><td colspan="2">开户银行</td><td colspan="2"></td><td>账号</td><td></td></tr>
<tr><td colspan="2">付款金额
（大写）</td><td colspan="3"></td><td>（小写）：¥ ________</td></tr>
<tr><td>款
项
用
途</td><td colspan="5"></td></tr>
<tr><td colspan="2">申请部门</td><td></td><td colspan="2">经办人(签名)</td><td></td></tr>
<tr><td colspan="2">部门主管
审批意见</td><td colspan="4"></td></tr>
<tr><td colspan="2">财务主管
审批意见</td><td colspan="4"></td></tr>
<tr><td colspan="2">单位负责人
审批意见</td><td colspan="4"></td></tr>
</table>

图 3-28　付款申请表

中国工商银行
转账支票存根
10504520
02317283
附加信息

出票日期 年 月 日

收款人：
金 额：
用 途：

单位主管 会计

付款期限自出票之日起十天

中国工商银行 **转账支票** 10504520 02317283

出票日期（大写） 年 月 日 付款行名称：
收款人： 出票人账号：

人民币（大写）		亿	千	百	十	万	千	百	十	元	角	分

用途________ 密码________
上列款项请从 符号________
我账户内支付
出票人签章 复核 记账

图 3-29 银行转账支票（正联）

中国工商银行 **进账单** （回 单） ①

年 月 日

出票人	全 称		收款人	全 称	
	账 号			账 号	
	开户银行			开户银行	
金额	人民币（大写）		亿 千 百 十 万 千 百 十 元 角 分		
票据种类		票据张数			
票据号码					
复核 记账			出票人开户银行签章		

此联开户行交持（出）票人的回单

图 3-30 银行进账单（回单）

【动手小操作 3-8】填制及其传递商品入库单、登记账簿

【情景】

（1）2019 年 8 月 7 日，收到 001 公司开具的增值税专用发票“发票联”“抵扣联”（见图 3-15 和图 3-16）。

（2）2019 年 8 月 7 日，008 公司收到运输公司送到的商品，实收 4 件，共 40 台。

【实训用品】

（1）商品入库单（一式四联）。

（2）008 公司业务专用章。

（3）008 公司财务结算章。

（4）008 公司“业务进销存账”（见图 3-31）。

（5）008 公司“实物保管账”（见图 3-32）。

业务进销存账

总第　　页 分第　　页

品名：　　规格：　　计量单位：　　单位价格：　　存放地点：

年		凭证号	摘要	收入（增加）				发出（减少）				结存		核对
				应收数		实收数		计划数		实发数				
月	日			件数	数量	件数	数量	件数	数量	件数	数量	件数	数量	

图 3-31　业务进销存账

实物保管账

总第　　页 分第　　页

品名：　　规格：　　计量单位：　　单位价格：　　存放地点：

年		凭证号	摘要	收入（增加）				发出（减少）				结存		核对
				应收数		实收数		计划数		实发数				
月	日			件数	数量	件数	数量	件数	数量	件数	数量	件数	数量	

图 3-32　实物保管账

【操作要求】

四人一组，分别担任（008）公司的采购业务员、仓库保管员、会计员 1、会计 2（兼复核）。

采购业务员：

（1）根据增值税专用发票填制商品入库单（一式四联，复写），签名并加盖业务专用章，留下存根，将其余三联交给保管员；同时，将增值税专用发票交给会计人员。

（2）根据存根联登记“业务进销存账”（见图 3-31）收入的应收数。

（3）同时，将商品入库单填制结果复制到图 3-33 商品入库单“存根”联。

仓库保管员：

（1）清点商品，确认收到商品 4 件，共 40 台；

（2）填写商品入库单的实收数（一式三联，复写），并据以登记“实物保管账”（见图 3-32）收入的应收数；在商品入库单上签名后一起交给会计员。

会计员 1：

对商品入库单进行审核后，计算并填写货款金额，签名后交给复核人员复核。

会计员 2：

对商品入库单进行复核，签名并加盖财务结算章（一式三联），留下“财务记账”联，“业务记账”联交采购业务员，“仓库记账”联交仓库保管员。

采购业务员：

根据商品入库单“业务记账”联登记“业务进销存账”（见图 3-31）收入的实收数。

仓库保管员：

（1）根据商品入库单“仓库记账”联登记“实物保管账”（见图 3-32）收入的实收数。

（2）办理完成后，将商品入库单填制结果分别复制到图 3-34～图 3-36 商品入库单“仓库记账”联、“财务记账”联、“业务记账”联。

商　品　入　库　单

No：20150362

供货单位：　　　　　　　　　　　　　　　　　开单日期：　　年　　月　　日

商品名称	型号、规格	计量单位	单 价	应收数		实收数		盈亏数（+、-）	
				数量	金 额	数量	金 额	数量	金 额
合　计									

第一联：存根

复核：　　　　会计：　　　　验收：　　　　制单：

图 3-33　商品入库单（存根）

商　品　入　库　单

No：20150362

供货单位：　　　　　　　　　　　　　　　　　开单日期：　　年　　月　　日

商品名称	型号、规格	计量单位	单 价	应收数		实收数		盈亏数（+、-）	
				数量	金 额	数量	金 额	数量	金 额
合　计									

第二联：仓库记账

复核：　　　　会计：　　　　验收：　　　　制单：

图 3-34　商品入库单（仓库记账）

商　品　入　库　单

No：20150362

供货单位：　　　　　　　　　　　　开单日期：　　年　　月　　日

商品名称	型号、规格	计量单位	单 价	应 收 数		实 收 数		盈亏数（+、-）	
				数量	金 额	数量	金 额	数量	金 额
合　计									

第三联：财务记账

复核：　　　　会计：　　　　验收：　　　　制单：

图 3-35　商品入库单（财务记账）

商　品　入　库　单

No：20150362

供货单位：　　　　　　　　　　　　开单日期：　　年　　月　　日

商品名称	型号、规格	计量单位	单 价	应 收 数		实 收 数		盈亏数（+、-）	
				数量	金 额	数量	金 额	数量	金 额
合　计									

第四联：业务记账

复核：　　　　会计：　　　　验收：　　　　制单：

图 3-36　商品入库单（业务记账）

【动手小操作 3-9】编制商品采购和商品入库的记账凭证、登记账簿

【情景】

（1）2019 年 8 月 7 日，采购业务办理完成。

（2）008 公司编制商品购进的记账凭证。

【实训用品】

（1）通用记账凭证。

（2）填制完成购买商品的增值税专用发票的“发票联”和“抵扣联”（见图 3-15 和图 3-16）。

（3）货物运输业增值税专用发票的“发票联”和“抵扣联”（见图 3-37 和图 3-38）。

（4）填制完成支付货款的付货款申请表、转账支票存根、银行进账单“回单”联（见图 3-22～图 3-24）。

（5）填制完成支付运费的付货款申请表、转账支票存根、银行进账单“回单”联（见图 3-28～图 3-30）。

（6）填制完成商品入库单的“财务记账”联（见图 3-35）。

（7）库存商品明细账（见图 3-39）。

货物运输业增值税专用发票

4500042730　　全国统一发票监制章 南华市 国家税务总局监制　发票联　　NO: 64320382

开票日期 2019 年 8 月 7 日

承运人及纳税人识别号	南华市工贸物流有限公司 440110085036285	密码区	略
实际受票方及纳税人识别号	（008）南华市佳艺贸易有限公司 440110085035439		
收货人及纳税人识别号	（008）南华市佳艺贸易有限公司 440110085035439	发货人及纳税人识别号	（001）南华市小太阳工贸有限公司 440110085030362
起运地、经由、到达地	001 公司至 008 公司		
费用项目及金额	费用项目：运费　金额：1 888.00	运输货物信息	南华市工贸物流有限公司 佳华数码相机 440110085036285 发票专用章
合计金额	¥ 1 716.36　税率 10%　税额 ¥ 171.64	机器编号	
价税合计（大写）	壹仟捌佰捌拾捌元整	（小写）	¥ 1 888.00
车种车号	车船吨位	备注	
主管税务机关及代码			

第二联：受票方抵扣凭证

收款人：　　复核人：利剑林　　开票人：米善业　　承运人：（章）

图 3-37　货物运输业增值税专用发票

货物运输业增值税专用发票

4500042730　　全国统一发票监制章 南华市 国家税务总局监制　抵扣联　　NO: 64320382

开票日期 2019 年 8 月 7 日

承运人及纳税人识别号	南华市工贸物流有限公司 440110085036285	密码区	略
实际受票方及纳税人识别号	（008）南华市佳艺贸易有限公司 440110085035439		
收货人及纳税人识别号	（008）南华市佳艺贸易有限公司 440110085035439	发货人及纳税人识别号	（001）南华市小太阳工贸有限公司 440110085030362
起运地、经由、到达地	001 公司至 008 公司		
费用项目及金额	费用项目：运费　金额：1 888.00	运输货物信息	南华市工贸物流有限公司 佳华数码相机 440110085036285 发票专用章
合计金额	¥ 1 716.36　税率 10%　税额 ¥ 171.64	机器编号	
价税合计（大写）	壹仟捌佰捌拾捌元整	（小写）	¥ 1 888.00
车种车号	车船吨位	备注	
主管税务机关及代码			

第三联：受票方记账凭证

收款人：　　复核人：利剑林　　开票人：米善业　　承运人：（章）

图 3-38　货物运输业增值税专用发票

库存商品明细账

品名规格＿＿＿＿＿＿ 产地＿＿＿＿ 计量单位＿＿＿＿ 总第＿＿页 分第＿＿页

年		凭证		摘要	单价	借方（收入）											贷方（发出）											结存											保本期	保利期
月	日	字	号			购进数量	其他数量	金额									销售数量	其他数量	金额									数量	均价	金额										
								百	十	万	千	百	十	元	角	分			百	十	万	千	百	十	元	角	分			百	十	万	千	百	十	元	角	分		

图 3-39 库存商品明细账

【操作要求】

两人一组，分别担任（008）公司的会计员 1、会计员 2（兼复核）。

会计员 1：

根据原始凭证编制记账凭证（采购和入库也可以合编一张记账凭证），签名，附上原始凭证后交给负责复核的会计员复核。

会计员 2：

对记账凭证及其所附的原始凭证进行复核，确认无误后，签名并退还会计员 1。同时，将记账凭证填制结果分别复制到图 3-40 和图 3-41。

会计员 1：

根据经复核的记账凭证及其所附的原始凭证登记库存商品明细账。同时，将填制结果复制到图 3-39 库存商品明细账。

记 账 凭 证

年 月 日 ＿＿＿＿字＿＿＿＿号

摘要	总账科目	明细科目	借方金额										√	贷方金额										√
			千	百	十	万	千	百	十	元	角	分		千	百	十	万	千	百	十	元	角	分	
合计																								

附件 张

会计主管： 记账： 复核： 制单：

图 3-40 通用记账凭证

记 账 凭 证

年 月 日 ______字______号

摘要	总账科目	明细科目	借方金额										√	贷方金额										√
			千	百	十	万	千	百	十	元	角	分		千	百	十	万	千	百	十	元	角	分	
合 计																								

附件 张

会计主管： 记账： 复核： 制单：

图 3–41 通用记账凭证

【动手小操作 3-10】将采购完成的商品销售给代理公司

【情景】

2019 年 8 月 7 日，008 公司从 001 公司采购佳华 A650IS 数码相机的业务处理已经完成，拟将采购完成的商品销售给代理公司。代理公司相关资料如下。

单位名称：南华市粤桂代理有限公司

地　　址：南华市星光大道 859 号

电　　话：0771—93659143

邮　　编：530647

开户银行：建行南华市高新支行

账　　号：4500160485136164583

纳税人识别号：4425100854872315

【实训用品】

（1）商品出库单（一式四联）。

（2）增值税专用发票（一式四联）。

（3）登记完成的“业务进销存账”（见图 3-31）。

（4）登记完成的“实物保管账”（见图 3-32）。

（5）008 公司发票专用章。

（6）008 公司财务结算章。

（7）商品（佳华 A650IS 数码相机）4 件，共 40 台。

【操作要求】

四人一组，分别担任（008）公司的销售业务员、仓库保管员、会计员 1（兼开票员）、会计员 2（兼复核）。

销售业务员：

（1）根据业务进销存账和客户求购订单的价格（见教程附录C）填制商品出库单（一式四联，复写），签名并加盖业务专用章，留下存根，将其余三联交给保管员。

（2）根据存根联登记“业务进销存账”（见图3-31）发出的计划数。

（3）同时，将出库单填制结果复制到图3-42。

仓库保管员：

（1）清点商品，确认可以如数发出商品4件，共40台。

（2）填写商品出库单的实发数（一式三联，复写），并据以登记“实物保管账”（见图3-32）发出的计划数；在商品出库单上签名后一起交给会计员。

会计员1（兼开票员）：

（1）经审核无误后，计算并填写货款金额（包括合计、大写金额）。

（2）在商品出库单上签名并加盖财务结算章（一式三联，复写）；同时，将填制结果复制到图3-43～图3-45商品出库单“提货单”（仓库记账）联、“财务记账”联、“业务记账”联。

（3）填制增值税专用发票（一式四联，复写），签名并加盖发票专用章；留下存根联，将其余三联交会计员复核；同时，将填制结果复制到图3-46增值税专用发票“存根联”。

会计员2（兼复核）：

（1）经审核无误后，签名（一式三联，复写）。

（2）在“记账联”上加盖财务结算章后，将三联一起交还开票员。同时，将填制结果复制到图3-47～图3-49增值税专用发票“发票联”“抵扣联”“记账联”。

会计员1（兼开票员）：

（1）留下商品出库单“财务记账”联和增值税专用发票“记账联”。

（2）将商品出库单的“提货单（仓库记账）”联“业务记账”联、增值税专用发票“发票联”“抵扣联”交给销售业务员。

销售业务员：

（1）根据商品出库单“业务记账”联登记“业务进销存账”减少的实发数（见图3-31）。

（2）持商品出库单的“提货单（仓库记账）”联到仓库办理提货。

（3）销售业务员持增值税专用发票“发票联”、“抵扣联”和商品前往代理公司办理交货和收取货款手续（该步骤略，将在项目四“代理业务处理”中介绍）。

仓库保管员：

发出商品，由销售业务员在商品出库单“提货单（仓库记账）”联上签名后收回，并据以登记“实物保管账”减少的实发数（见图3-32）。

商　品　出　库　单

No：20124362

购货单位：　　　　　　　　　　　　　　　　　开单日期：　　年　月　日

商品名称	型号规格	计量单位	计划数	实发数	单　价	金　额	内部核算资料	
							单位成本	总成本
合　计								
合计金额（大写）								

会计：　　　　保管：　　　　提货：　　　　制单：

第一联：存根

图 3-42　商品出库单（存根）

商　品　出　库　单

No：20124362

购货单位：　　　　　　　　　　　　　　　　　开单日期：　　年　月　日

商品名称	型号规格	计量单位	计划数	实发数	单　价	金　额	内部核算资料	
							单位成本	总成本
合　计								
合计金额（大写）								

会计：　　　　保管：　　　　提货：　　　　制单：

第二联：提货单（仓库记账）

图 3-43　商品出库单（仓库记账）

商　品　出　库　单

No：20124362

购货单位：　　　　　　　　　　　　　　　　　开单日期：　　年　月　日

商品名称	型号规格	计量单位	计划数	实发数	单　价	金　额	内部核算资料	
							单位成本	总成本
合　计								
合计金额（大写）								

会计：　　　　保管：　　　　提货：　　　　制单：

第三联：财务记账

图 3-44　商品出库单（财务记账）

商　品　出　库　单

No：20124362

购货单位：　　　　　　　　　　　　　　　　　　开单日期：　　年　月　日

商品名称	型号规格	计量单位	计划数	实发数	单　价	金　额	内部核算资料	
							单位成本	总成本
合　计								
合计金额（大写）								

第四联：业务记账

会计：　　　　保管：　　　　提货：　　　　制单：

图 3-45　商品出库单（业务记账）

南华市增值税专用发票

4500042140　　　　　　　　　　　　NO：20621383

全国统一发票监制章　南华市　国家税务总局监制

存根联

开票日期：　　年　月　日

购货单位	名　　称：						密码区	略
	纳税人识别号：							
	地址、电话：							
	开户行及账号：							
货物或应税劳务名称	规格型号	单位	数量	单价	金额	税率	税额	
合　计								
价税合计（大写）						小写：¥		
销货单位	名　　称：						备注	
	纳税人识别号：							
	地址、电话：							
	开户行及账号：							

第一联：存根

收款人：　　　　复核：　　　　开票人：　　　　销货单位：（章）

图 3-46　增值税专用发票（存根联）

南华市增值税专用发票

4500042140　　　　（南华市 发票联）　　　　NO：20621383

开票日期：　　年　月　日

购货单位	名称：				密码区	略	
	纳税人识别号：						
	地址、电话：						
	开户行及账号：						
货物或应税劳务名称	规格型号	单位	数量	单价	金额	税率	税额
合　计							
价税合计（大写）						小写：¥	
销货单位	名称：				备注		
	纳税人识别号：						
	地址、电话：						
	开户行及账号：						

收款人：　　复核：　　开票人：　　销货单位：（章）

第二联：购货方记账凭证

图 3-47　增值税专用发票（发票联）

南华市增值税专用发票

4500042140　　　　（南华市 抵扣联）　　　　NO：20621383

开票日期：　　年　月　日

购货单位	名称：				密码区	略	
	纳税人识别号：						
	地址、电话：						
	开户行及账号：						
货物或应税劳务名称	规格型号	单位	数量	单价	金额	税率	税额
合　计							
价税合计（大写）						小写：¥	
销货单位	名称：				备注		
	纳税人识别号：						
	地址、电话：						
	开户行及账号：						

收款人：　　复核：　　开票人：　　销货单位：（章）

第三联：购货方抵扣凭证

图 3-48　增值税专用发票（抵扣联）

南华市增值税专用发票

全国统一发票监制章 南华市 国家税务总局监制

记账联

4500042140　　　　NO：20621383

开票日期：　　年　　月　　日

购货单位	名　　称： 纳税人识别号： 地址、电话： 开户行及账号：				密码区	略	
货物或应税劳务名称	规格型号	单位	数量	单价	金额	税率	税额
合　　计							
价税合计（大写）						小写：¥	
销货单位	名　　称： 纳税人识别号： 地址、电话： 开户行及账号：				备注		

第四联：销货方记账凭证

收款人：　　复核：　　开票人：　　销货单位：（章）

图 3-49　增值税专用发票（记账联）

项目四

其他业务处理

一、填空题

1. 在实训中，运输公司收取运费后，应及时安排提运人员到____________提货，然后送到____________交货。

2. 提运人提货，应当凭____________前往装货地点提货；持____________，将货物送往卸货地点收货单位，由收货单位的保管员验收货物后，在____________上签字确认。

3. 按实训要求，各岗位应当建立的账簿：会计人员建立______________、______________；出纳员建立______________；业务人员建立______________；仓库保管员建立______________。

4. 商品经营实训活动期末，各商品流通企业要进行一次全面盘点，包括____________、____________。账账核对包括保管员的____________与业务员的____________、会计人员的____________核对相符。账实核对是指____________与____________核对相符。

5. 盘点库存实物数应由____________、____________和____________三方代表共同清点库存商品实物数量，并将实际结存数填到商品盘点明细表的实际结存数量，然后分别计算出盈亏数量及其金额。

6. 在库存商品盘点明细表中，____________大于____________为盘盈，反之，为盘亏。

二、单项选择题

1. 某公司将 100 000 元存入银行，期限为 6 个月，假设活期存款年利率为 0.35%，则到期的存款利息收入为（　　）元。

A. 2 100　　B. 175　　C. 1 750　　D. 350

2. 某公司从银行借入 6 个月期的短期借款 100 000 元，假设贷款年利率为 4.85%，则到期的借款利息支出为（　　）元。

A. 4 850　　B. 242.50　　C. 2 425　　D. 29 100

3. 根据某公司 2015 年 7 月份“单位活期存款明细账”计算的日积数合计为 18 000 000 元，假设活期存款年利率为 0.36%，则银行应付该公司 2015 年 7 月份存款利息（　　）元。

A. 180　　B. 360　　C. 2 160　　D. 2 700

4. 根据某公司2015年7月份“单位短期贷款明细账”计算的日积数合计为18 000 000元，假设贷款年利率为5.4%，则银行应收该公司2015年7月份贷款利息为（　　）元。

A. 2 700　　B. 270　　C. 5 400　　D. 32 400

三、多项选择题

1. 在实训中，关于托运单的填制方法，下列表述正确的有（　　）。

A. 货物单价：填写运输货物的不含税单价

B. 数量：填写运输货物的数量，实训中，按“提货单”的实发数填写

C. 单位运价：填写每单位商品1千米的运费，即单位运价 = 货物单价 × 每千米运输费率

D. 运费金额：填写运输货物的运费金额，即：运费金额 = 单位运价 × 计费数量 × 运输里程

2. 在实训中，关于货物运输业增值税专用发票的填制方法，下列表述正确的有（　　）。

A. 实际受票方及纳税人识别号：实训中，填写购货单位名称及其纳税人识别号

B. 收货人及纳税人识别号：实训中填写购货单位名称及其纳税人识别号

C. 发货人及纳税人识别号：实训中填写销售单位名称及其纳税人识别号

D. 费用项目及金额：实训中，填写运费及金额（含税）

3. 在实训中，关于货物运输业增值税专用发票的填制方法，下列表述正确的有（　　）。

A. 税率：填写货物运输的增值税税率，现行税率为17%

B. 税额：填写增值税税额，即税额 = 合计金额 × 税率

C. 价税合计：填写运输费用的价税合计金额，即：价税合计 = 合计金额 + 税额

D. 货物运输业增值税专用发票的价税合计应与托运单的合计金额相一致

四、识图填空（根据图表的内容完成填空）

1. 送货单，如图4-1所示，收货单位是＿＿＿＿＿＿，地址是＿＿＿＿＿＿；货物名称是＿＿＿＿＿＿，货物件数是＿＿＿＿＿＿件，货物数量是＿＿＿＿＿＿台；开单日期是＿＿＿＿＿＿，收货日期是＿＿＿＿＿＿，制单人是＿＿＿＿＿＿，送货人是＿＿＿＿＿＿，收货人是＿＿＿＿＿＿。

2. 贷款借据，如图4-2所示，借款单位是＿＿＿＿＿＿，借款金额是＿＿＿＿＿＿元；银行实际放款日期是＿＿＿＿＿＿，银行核定还款日期是＿＿＿＿＿＿。

送 货 单

收货单位：（006）南华市兴盛工贸有限公司　　开单日期：2019年8月7日

地 址：（006）公司仓库　　电话：0771—35486716　　收货日期：2019年8月7日

序号	货物名称	型号、规格	计量单位	件数	数 量	单 价	金 额
	西口牌电冰箱	kk19v61ti	台	3	30	2 410.00	72 300.00
	合 计						72 300.00

第二联：回执

收货人：李强　　送货人：姚建钧　　制单：黄坚强

图 4-1 送货单

中国建设银行 贷 款 借 据 ④

银行编号：　　2019 年 8 月 7 日

借款单位	（006）南华市兴盛工贸有限公司	贷款申请书号码	
贷款账号	45001604851367916126－1	存款账号	45001604851367916126
借款金额（大写）	捌万元整	千百十万千百十元角分：¥8000000	还款日期：2019年11月6日
银行核定金额	陆万元整	银行核定还款日期	2019年11月6日
		银行实际放出日期	2019年8月7日
主管： 复核： 记账：			备 注

还款记录	还款日期	还款金额	未还金额	记账员	复核员

第四联：信贷部门留存

注：本借据以银行核定的金额、日期为准。

图 4-2 贷款借据

3. 单位活期存款明细账，如图 4-3 所示，存款单位是________，7 月 1 日期初存款余额是________元，7 月 4 日付出________元，7 月 4 日期末存款余额是________元；7 月 8 日贷款存入________元，7 月 8 日期末存款余额是________元；7 月 16 日还贷转出________元，7 月 16 日期末存款余额是________元；7 月 27 日存入________元，7 月 27 日期末存款余额是________元；7 月份存款增加合计是________元，存款减少合计是________元，7 月 31 日期末存款余额是____________元。

中国建设银行 建行南华市滨江支行

单位活期存款 明细账

本账页次 本户页次

户名：（006）南华市兴盛工贸有限公司　账号：45001604851367916126　月利率：

2019年 月	日	记账凭证 字	号	摘要	借方	√	贷方	√	借或贷	余额	日数	积数	√
7	1			上月结转					贷	32600000	3	978 000.00	
	4			支票转出	26800000				贷	5800000	4	232 000.00	
	8			贷款存入			6000000		贷	11800000			
	8			支票转出	5850000				贷	5950000			
	8			支票转出	184000				贷	5766000	3	172 980.00	
	11			贷款存入			36000000		贷	41766000	5	2 088 300.00	
	16			支票转出	5850000				贷	35916000			
	16			支票转出	96000				贷	35820000			
	16			还贷转出	30000000				贷	5820000	1	58 200.00	
	17			贷款存入			10000000		贷	15820000			
	17			转账存入			6000000		贷	21820000	1	218 200.00	
	18			支票转出	13600000				贷	8220000	2	164 400.00	
	20			转账存入			23000000		贷	31220000	2	624 400.00	
	22			转账存入			8190000		贷	39410000			
	22			转账存入			10600000		贷	50010000			
	22			还贷转出	20000000				贷	30010000	3	900 300.00	
	25			支票转出	3510000				贷	26500000	2	530 000.00	
	27			转账存入			3500000		贷	30000000	5	1 500 000.00	
				本月合计	105890000		103290000				31	7 466 780.00	

图 4-3　银行单位活期存款明细账

4. 单位短期贷款明细账，如图 4-4 所示，借款单位是____________，7 月 1 日期初贷款余额是____________元，7 月 11 日贷款____________元，7 月 11 日期末贷款余额是____________元；7 月 16 日归还贷款____________元，7 月 16 日期末贷款余额是____________元；7 月 17 日贷款____________元，7 月 27 日归还贷款____________元，7 月 27 日期末贷款余额____________元；7 月份贷款增加合计____________元，贷款减少合计____________元，7 月 31 日期末贷款余额是____________元。

中国××银行 建行南华市滨江支行

单位短期贷款 明细账

本账页次 本户页次

户名：（006）南华市兴盛工贸有限公司　账号：45001604851367916126－1　年利率：

2019年 月	日	记账凭证 字	号	摘要	借方	√	贷方	√	借或贷	余额	日数	积数	√
7	1			上月结转					借	98000000	7	6 860 000.00	
	8			贷款	6000000				借	104000000	3	3 120 000.00	
	11			贷款	36000000				借	140000000	5	7 000 000.00	
	16			还贷			30000000		借	110000000	1	1 100 000.00	
	17			贷款	10000000				借	120000000	10	12 000 000.00	
	27			还贷			20000000		借	100000000	5	5 000 000.00	
				本月合计	52000000		50000000				31	35 080 000.00	

图 4-4　银行单位短期贷款明细账

5. 库存盘点明细表，如表 4-1 所示，商品类别是____________，盘点日期是____________；25GW/VD(V75A) 美雅空调账面结存数量是____________台，金额是

__________元，实际结存数量是__________台，金额是__________元，盘盈数量是__________台，金额是__________元；该类商品账面结存金额合计__________元，实际结存金额合计__________元，合计盘亏金额是__________元。

表 4-1　库存商品盘点明细表

库 存 商 品 盘 点 明 细 表

商品类别：家电　　　　盘点日期　2019年8月31日　　　　金额单位：元

编号	商品名称	规格型号	产地	计量单位	单价	账面结存数			实际结存数			盈亏数（+、−）			备注
						件数	数量	金额	件数	数量	金额	件数	数量	金额	
1	美雅空调	26GW/DY-P(E2)	广东	台	3 101		10	31 010.00	0	0	0.00		-10	-31 010.00	
2	美雅空调	25GW/VD(V75A)	广东	台	1 861		10	18 610.00	2	20	37 220.00		+10	+18 610.00	
3	西口牌电冰箱	kk19v61ti	北京	台	2 077.59		0	0.00	0	0	0.00		0	0.00	
	合　计							49 620.00			37 220.00			-12 400.00	

清查小组签名：李强　毛逸民　单丽娜　　　　制表：毛逸民

五、实务操作训练

本项目实务操作训练与项目三实训内容相衔接，以（001）南华市小太阳工贸有限公司（以下简称“001 公司”）与（008）南华市佳艺贸易有限公司（以下简称“008 公司”）购销业务处理过程为背景，以项目任务为驱动，基于工作过程导向组织学生进行实务操作训练，包括运输业务处理、银行业务处理、期末库存商品盘点等业务处理过程。

【动手小操作 4-1】填制托运单

【情景】

2019 年 8 月 7 日，008 公司业务员持提货单（见图 4-5）到南华市工贸物流有限公司（以下简称“运输公司”）要求办理托运手续。

【实训用品】

（1）公路运输托运单（一式四联）。

（2）008 公司合同专用章。

（3）运输公司业务专用章。

（4）运输公司财务部的“收款戳记”。

【操作要求】

三人一组，分别担任运输公司业务员、会计员、008 公司业务员。

运输公司业务员：根据 008 公司业务员提供的提货单及“税费标准”填制公路货物托运单（一式四联），签名并加盖业务专用章。

008 公司业务员：签名并加盖合同专用章。

运输公司业务员：留下第一联（存根），其余三联交给会计人员办理收款手续；同时，将填制结果复制到图 4-6 公路运输托运单“存根”联。

运输公司会计员：确认收款后，加盖收款戳记，留下第三联（财务留存），将第二联（托运人留存）交 008 公司业务员，第四联（回执）交给本公司业务员。同时，008 公司业务员将提货单交给运输公司业务员，以便提货、送货。

同时，将填制结果复制到图 4-7～图 4-9 公路运输托运单“托运人留存”“财务留存”“回执”。

商　品　出　库　单　　No：20150362

购货单位：（008）南华市佳艺贸易有限公司　　开单日期：2019 年 8 月 7 日

商品名称	型号规格	计量单位	计划数	实发数	单价	金额	内部核算资料	
							单位成本	总成本
佳华数码相机	A6501S	台	40	40	2 360.00	94 400.00		
合　计						94 400.00		
合计金额（大写）	玖万肆仟肆佰元整							

第二联：提货单（仓库记账）

南华市小太阳工贸有限公司 业务专用章

南华市小太阳工贸有限公司 财务结算章 2019.08.07

会计：利健雄　　保管：余怀远　　提货：　　制单：薛立平

图 4-5　商品出库单（提货单）

公 路 运 输 托 运 单　　No：201502231

托运单位：　　开单日期：　年　月　日

提货单号码：			装货地点：				卸货地点：	
货物品名	计量单位	件数	数量	货物单价	计费数量	运输里程（千米）	单位运价（元/千米）	运费金额
合　计								
托运事项	1. 是否危险品（　） 2. 有自备机具装车（　） 3. 有自备机具卸车（　）			托运单位盖章 年　月　日			承运单位盖章 年　月　日	
备注								

第一联：存根

承运单位经办人（签名）：　　托运单位经办人（签名）：

图 4-6　公路运输托运单（存根联）

公路运输托运单

No：201502231

托运单位：　　　　开单日期：　年　月　日

提货单号码：			装货地点：				卸货地点：	
货物品名	计量单位	件数	数量	货物单价	计费数量	运输里程（千米）	单位运价（元/千米）	运费金额
合　计								
托运事项	1.是否危险品（ ）			托运单位盖章 年　月　日			承运单位盖章 年　月　日	
	2.有自备机具装车（ ）							
	3.有自备机具卸车（ ）							
备注								

第二联：托运人留存

承运单位经办人（签名）：　　　　托运单位经办人（签名）：

图 4-7　公路运输托运单（托运人留存）

公路运输托运单

No：201502231

托运单位：　　　　开单日期：　年　月　日

提货单号码：			装货地点：				卸货地点：	
货物品名	计量单位	件数	数量	货物单价	计费数量	运输里程（千米）	单位运价（元/千米）	运费金额
合　计								
托运事项	1.是否危险品（ ）			托运单位盖章 年　月　日			承运单位盖章 年　月　日	
	2.有自备机具装车（ ）							
	3.有自备机具卸车（ ）							
备注								

第三联：财务留存

承运单位经办人（签名）：　　　　托运单位经办人（签名）：

图 4-8　公路运输托运单（财务留存）

公路运输托运单

No：201502231

托运单位：　　　　　　　　　　　　　　　　开单日期：　　年　月　日

提货单号码：				装货地点：			卸货地点：	
货物品名	计量单位	件数	数量	货物单价	计费数量	运输里程（千米）	单位运价（元/千米）	运费金额
合　计								
托运事项 1. 是否危险品（　）								
2. 有自备机具装车（　）				托运单位盖章 年 月 日			承运单位盖章 年 月 日	
3. 有自备机具卸车（　）								
备注								

第四联：业务留存

承运单位经办人（签名）：　　　　　　　　托运单位经办人（签名）：

图 4-9　公路运输托运单（业务留存）

【动手小操作 4-2】开具运费发票

【情景】

（1）2019 年 8 月 7 日，运输公司收到开户银行转来 008 公司支付运费的进账单（见图 4-10）。运输公司相关资料如下。

单位全称：南华市工贸物流有限公司

开户银行：工行南华市青山支行

账　　号：45001604216526083126

纳税人识别号：440110085036285

（2）001 公司和 008 公司纳税人识别号如下。

001 南华市小太阳工贸有限公司　440110085030362

008 南华市佳艺贸易有限公司　　440110085035439

【实训用品】

（1）货物运输业增值税专用发票（一式四联）。

（2）填制完成的托运单“财务留存”联（见图 4-8）。

（3）运输公司发票专用章。

（4）运输公司财务结算章。

中国工商银行 **进账单** （收账通知） ③

2019 年 8 月 7 日

出票人	全 称	（008）南华市佳艺贸易有限公司	收款人	全 称	南华市工贸物流有限公司
	账 号	45001604851367958666		账 号	45001604216526083126
	开户银行	工行南华市江北支行		开户银行	工行南华市青山支行
金额	人民币（大写）	壹仟捌佰捌拾捌元整		亿千百十万千百十元角分	¥ 1 8 8 8 0 0
票据种类	转账支票	票据张数	1		
票据号码	2317283				
复核	记账			收款人开户银行签章	

中国建设银行股份有限公司 南华市宁安支行 2019.08.07 办讫章 （3）

此联收款人开户行交收款人的收账通知

图 4-10 银行进账单（收账通知）

【操作要求】

两人一组，分别担任运输公司的开票员、会计员（兼复核）。

开票员：填制货物运输业增值税专用发票（一式四联，复写），签名并加盖发票专用章；留下存根联，将其余三联交会计员复核；同时将填制结果复制到图 4-11 货物运输业增值税专用发票“存根联”；

货物运输业增值税专用发票

4500042730 南华市 存 根 联 NO：64320382

开票日期 年 月 日

承运人及纳税人识别号		密码区	略		
实际受票方及纳税人识别号					
收货人及纳税人识别号			发货人及纳税人识别号		
起运地、经由、到达地					
费用项目及金额	费用项目 金 额 费用项目 金 额		运输货物信息		
合计金额	¥	税率		税额 ¥	机器编号
价税合计（大写）			（小写）	¥	
车种车号		车船吨位		备注	
主管税务机关及代码					

收款人： 复核人： 开票人： 承运人：（章）

第一联：存根

图 4-11 货物运输业增值税专用发票（存根联）

会计员：

（1）经审核无误，签名（一式三联，复写）。

（2）将"发票联"和"抵扣联"交给托运单位业务员；在"记账联"加盖财务结算章后留下。同时，将填制结果分别复制到图 4-12～图 4-14 货物运输业增值税专用发票"抵扣联""发票联""记账联"。

货物运输业增值税专用发票

全国统一发票监制章 南华市 国家税务总局监制

抵扣联

4500042730　　　　NO：64320382

开票日期　　年　月　日

承运人及纳税人识别号		密码区	略
实际受票方及纳税人识别号			
收货人及纳税人识别号		发货人及纳税人识别号	
起运地、经由、到达地			
费用项目及金额	费用项目　金额　费用项目　金额	运输货物信息	
合计金额	¥　税率　税额 ¥	机器编号	
价税合计（大写）		（小写）	¥
车种车号	车船吨位	备注	
主管税务机关及代码			

收款人：　复核人：　开票人：　承运人：（章）

第二联：受票方抵扣凭证

图 4-12　货物运输业增值税专用发票（抵扣联）

货物运输业增值税专用发票

全国统一发票监制章 南华市 国家税务总局监制

发票联

4500042730　　　　NO：64320382

开票日期　　年　月　日

承运人及纳税人识别号		密码区	略
实际受票方及纳税人识别号			
收货人及纳税人识别号		发货人及纳税人识别号	
起运地、经由、到达地			
费用项目及金额	费用项目　金额　费用项目　金额	运输货物信息	
合计金额	¥　税率　税额 ¥	机器编号	
价税合计（大写）		（小写）	¥
车种车号	车船吨位	备注	
主管税务机关及代码			

收款人：　复核人：　开票人：　承运人：（章）

第三联：受票方记账凭证

图 4-13　货物运输业增值税专用发票（发票联）

货物运输业增值税专用发票

4500042730　　　　　　　　　　　　　　　　　　　　　　　　NO：64320382

记　账　联　　　　　　　　　　　　　　　　　　　　　　开票日期　　年　月　日

承运人及纳税人识别号				密码区	略		
实际受票方及纳税人识别号							
收货人及纳税人识别号					发货人及纳税人识别号		
起运地、经由、到达地							
费用项目及金额	费用项目　金　额	费用项目　金　额		运输货物信息			
合计金额	¥	税率		税额	¥	机器编号	
价税合计（大写）						（小写）	¥
车种车号		车船吨位		备注			
主管税务机关及代码							

收款人：　　　　　　复核人：　　　　　　开票人：　　　　　　承运人：（章）

第四联：承运方记账凭证

图 4-14　货物运输业增值税专用发票（记账联）

【动手小操作 4-3】办理贷款发放业务

【情景】

（1）2019 年 8 月 7 日，008 公司出纳员持购销合同（见项目三图 3-7“买卖合同”）到开户银行要求借款。

（2）008 公司相关资料如下。

单位全称：（008）南华市佳艺贸易有限公司

开户银行：工行南华市江北支行

存款账号：45001604851367958666

贷款账号：45001604851367958666-1

【实训用品】

（1）借款申请书（一式两份）。

（2）贷款借据（一式四联）。

（3）银行“单位短期贷款明细账”（见图 4-15）。

（4）银行“单位活期存款明细账”（见图 4-16）。

（5）008 公司合同专用章。

（6）银行贷款业务专用章。

（7）008 公司银行印鉴。

（8）银行业务受理印章。

中国工商银行 南华市江北支行

单位短期贷款 明细账

本账页次	
本户页次	

户名：（008）南华市佳艺贸易有限公司　账号：4500160485136795866—1　月利率：

2019年 月	日	记账凭证 字	号	摘要	借方 亿千百十万千百十元角分	√	贷方 亿千百十万千百十元角分	√	借或贷	余额 亿千百十万千百十元角分	日数	积数	√
8	1			上月结转						100000000			

图 4-15　银行单位短期贷款明细账

中国工商银行 南华市江北支行

单位活期存款 明细账

本账页次	
本户页次	

户名：（008）南华市佳艺贸易有限公司　账号：4500160485136795866　月利率：

2019年 月	日	记账凭证 字	号	摘要	借方 亿千百十万千百十元角分	√	贷方 亿千百十万千百十元角分	√	借或贷	余额 亿千百十万千百十元角分	日数	积数	√
8	1			上月结转						30000000			

图 4-16　银行单位活期存款明细账

【操作要求】

四人一组，分别担任借款单位出纳员、银行信贷部主管、银行负责人、银行营业员。

008 公司出纳员：根据购销合同填制“借款申请书”（一式两份），加盖单位合同专用章。

银行信贷部主管：经审核同意后签名，送交银行负责人审批。

银行负责人：经审核同意后签名，并退还给信贷部主管。

银行信贷部主管：加盖银行贷款业务专用章后，交银行营业员办理贷款发放手续。同时，将填制结果复制到图 4-17 借款申请书。

银行营业员：

（1）经审核无误，根据“借款申请书”填制贷款借据一式四联，由借款单位加盖银行印鉴。

（2）留下第一联（借方传票），并据以登记“单位短期贷款明细账”的增加（接图 4-15）。

（3）在第二联（贷方传票）加盖银行受理印章，据以登记“单位活期存款明细账”的增加（接图 4-16）。

（4）在第三联（回单）加盖银行受理印章后，退回借款单位。

（5）在第四联（信贷部门留存）加盖银行受理印章后，交给信贷部门留存。

业务办理完成后，将贷款借据填制结果分别复制到图 4-18～图 4-21 贷款借据“借方传票”“贷方传票”“回单”“信贷部门留存”。

借款申请书

我公司拟购进以下商品(见附表)需要资金约________万元，因资金不足，现特向贵行申请______________借款_________万元，请审批。

附：购进商品明细表

申请单位（公章）：

申　请　时　间：　　　　　　　　　　　　年　　月　　日

购进商品明细表	品　名	型号、规格	计量单位	数 量	单 价	金　额
	合　计					

银行审批意见		
	信贷部意见（签名）	
	行长意见（签名）	
	银　行（公章）　年　月　日	

图 4–17　借款申请书

中国工商银行　**贷　款　借　据**　①

银行编号：　　　　　　　　　年　月　日

<table>
<tr><td>借款单位</td><td colspan="2"></td><td colspan="6">贷款申请书号码</td><td colspan="6"></td></tr>
<tr><td>贷款账号</td><td colspan="2"></td><td colspan="3">存款账号</td><td colspan="9"></td></tr>
<tr><td rowspan="2">借款金额
（大写）</td><td colspan="2" rowspan="2"></td><td>千</td><td>百</td><td>十</td><td>万</td><td>千</td><td>百</td><td>十</td><td>元</td><td>角</td><td>分</td><td colspan="2">还款日期</td></tr>
<tr><td></td><td></td><td></td><td></td><td></td><td></td><td></td><td></td><td></td><td></td><td colspan="2">年　月　日</td></tr>
<tr><td rowspan="2">银行核定
金　　额</td><td colspan="2" rowspan="2"></td><td colspan="7">银行核定还款日期</td><td colspan="5">年　月　日</td></tr>
<tr><td colspan="7">银行实际放出日期</td><td colspan="5">年　月　日</td></tr>
<tr><td colspan="13">兹向你行贷到上列　　　　贷款，到期时，请凭此借据从本单位存款账户内收回。
此致
中国××银行××支行
预留印鉴　　　　　　负责人
（章）</td><td colspan="2">备　　注</td></tr>
<tr><td colspan="2" rowspan="2">还款记录</td><td>还款日期</td><td colspan="3">还款金额</td><td colspan="4">未还金额</td><td colspan="3">记账员</td><td colspan="2">复核员</td></tr>
<tr><td></td><td colspan="3"></td><td colspan="4"></td><td colspan="3"></td><td colspan="2"></td></tr>
</table>

第一联：借方传票

注：本借据以银行核定的金额、日期为准。

图 4–18　银行贷款借据（借方传票）

中国工商银行　**贷　款　借　据**　②

银行编号：　　　　　　　　　年　月　日

<table>
<tr><td>借款单位</td><td colspan="2"></td><td colspan="6">贷款申请书号码</td><td colspan="6"></td></tr>
<tr><td>贷款账号</td><td colspan="2"></td><td colspan="3">存款账号</td><td colspan="9"></td></tr>
<tr><td rowspan="2">借款金额
（大写）</td><td colspan="2" rowspan="2"></td><td>千</td><td>百</td><td>十</td><td>万</td><td>千</td><td>百</td><td>十</td><td>元</td><td>角</td><td>分</td><td colspan="2">还款日期</td></tr>
<tr><td></td><td></td><td></td><td></td><td></td><td></td><td></td><td></td><td></td><td></td><td colspan="2">年　月　日</td></tr>
<tr><td rowspan="2">银行核定
金　　额</td><td colspan="2" rowspan="2"></td><td colspan="7">银行核定还款日期</td><td colspan="5">年　月　日</td></tr>
<tr><td colspan="7">银行实际放出日期</td><td colspan="5">年　月　日</td></tr>
<tr><td colspan="13">主管：　　　　　　复核：　　　　　　记账：</td><td colspan="2">备　　注</td></tr>
<tr><td colspan="2" rowspan="2">还款记录</td><td>还款日期</td><td colspan="3">还款金额</td><td colspan="4">未还金额</td><td colspan="3">记账员</td><td colspan="2">复核员</td></tr>
<tr><td></td><td colspan="3"></td><td colspan="4"></td><td colspan="3"></td><td colspan="2"></td></tr>
</table>

第二联：贷方传票

注：本借据以银行核定的金额、日期为准。

图 4–19　贷款借据（贷方传票）

中国工商银行　**贷　款　借　据**　③

银行编号：　　　　　　　　　　年　月　日

<table>
<tr><td>借款单位</td><td></td><td colspan="5">贷款申请书号码</td><td colspan="6"></td></tr>
<tr><td>贷款账号</td><td></td><td colspan="3">存款账号</td><td colspan="8"></td></tr>
<tr><td rowspan="2">借款金额
（大写）</td><td rowspan="2"></td><td>千</td><td>百</td><td>十</td><td>万</td><td>千</td><td>百</td><td>十</td><td>元</td><td>角</td><td>分</td><td>还款日期</td></tr>
<tr><td></td><td></td><td></td><td></td><td></td><td></td><td></td><td></td><td></td><td></td><td>年　月　日</td></tr>
<tr><td rowspan="2">银行核定
金　　额</td><td rowspan="2"></td><td colspan="7">银行核定还款日期</td><td colspan="4">年　月　日</td></tr>
<tr><td colspan="7">银行实际放出日期</td><td colspan="4">年　月　日</td></tr>
<tr><td colspan="12" rowspan="2">以上贷款金额已存入你单位的存款账户。

开户银行（盖章）</td><td>备　　注</td></tr>
<tr><td></td></tr>
</table>

<table>
<tr><td rowspan="2">还款记录</td><td>还款日期</td><td>还款金额</td><td>未还金额</td><td>记账员</td><td>复核员</td></tr>
<tr><td></td><td></td><td></td><td></td><td></td></tr>
</table>

第三联：回单

注：本借据以银行核定的金额、日期为准。

图 4–20　贷款借据（回单）

中国工商银行　**贷　款　借　据**　④

银行编号：　　　　　　　　　　年　月　日

<table>
<tr><td>借款单位</td><td></td><td colspan="5">贷款申请书号码</td><td colspan="6"></td></tr>
<tr><td>贷款账号</td><td></td><td colspan="3">存款账号</td><td colspan="8"></td></tr>
<tr><td rowspan="2">借款金额
（大写）</td><td rowspan="2"></td><td>千</td><td>百</td><td>十</td><td>万</td><td>千</td><td>百</td><td>十</td><td>元</td><td>角</td><td>分</td><td>还款日期</td></tr>
<tr><td></td><td></td><td></td><td></td><td></td><td></td><td></td><td></td><td></td><td></td><td>年　月　日</td></tr>
<tr><td rowspan="2">银行核定
金　　额</td><td rowspan="2"></td><td colspan="7">银行核定还款日期</td><td colspan="4">年　月　日</td></tr>
<tr><td colspan="7">银行实际放出日期</td><td colspan="4">年　月　日</td></tr>
<tr><td colspan="12" rowspan="2">

主管：　　　　　　复核：　　　　　　记账：</td><td>备　　注</td></tr>
<tr><td></td></tr>
</table>

<table>
<tr><td rowspan="2">还款记录</td><td>还款日期</td><td>还款金额</td><td>未还金额</td><td>记账员</td><td>复核员</td></tr>
<tr><td></td><td></td><td></td><td></td><td></td></tr>
</table>

第四联：信贷部门留存

注：本借据以银行核定的金额、日期为准。

图 4–21　贷款借据（信贷部门留存）

【动手小操作 4-4】办理贷款收回业务

【情景】

2019 年 8 月 7 日，008 公司拟主动归还贷款 20 万元。

【实训用品】

（1）贷款还款凭证（一式四联）。

（2）单位短期贷款明细账（接填制完成的图 4-15）。

（3）单位活期存款明细账（接填制完成的图 4-16）。

（4）008 公司银行印鉴。

（5）银行业务受理印章。

【操作要求】

四人一组，分别担任 008 公司出纳员、银行信贷部主管、银行负责人、银行营业员。

008 公司出纳员：

填制“贷款还款凭证”（一式四联）；按规定加盖银行印鉴后送交银行办理手续。

银行营业员：

（1）经审核无误，留下第一联（借方凭证），并据以登记“单位活期存款明细账”的减少（接图 4-16）。

（2）在第二联（贷方凭证）盖章，并据以登记“单位短期贷款明细账”的减少（接图 4-15）。

（3）在第三联（回单）盖章后，交给 008 公司出纳员。

（4）在第四联（信贷部门留存）盖章后，交给信贷部门留存。

业务办理完成后，将填制结果分别复制到图 4-22～图 4-25 贷款还款凭证“借方传票”“贷方传票”“回单”“信贷部门留存”。

中国工商银行　**贷款还款凭证**（借方传票）　①

凭证开出日期　　年　月　日　　　　银行转账日期　　年　月　日

付款人	全　称		贷款账户	全　称	
	账　号			账　号	
	开户银行			开户银行	
人民币（大写）				千 百 十 万 千 百 十 元 角 分	
贷款种类			原借款金额		
此借款由上列账户归还 此致 中国××银行××支行		借款单位预留银行印鉴 （银行主动扣收贷款后盖章）		审单　复核　记账	

第一联：借方凭证

图 4-22　贷款还款凭证（借方传票）

中国工商银行 **贷款还款凭证**（贷方传票） ②

凭证开出日期 年 月 日 银行转账日期 年 月 日

付款人	全称		贷款账户	全称	
	账号			账号	
	开户银行			开户银行	

人民币（大写）		千	百	十	万	千	百	十	元	角	分

贷款种类		原借款金额	
开户银行（章）			审单 复核 记账

第二联：贷方凭证

图 4-23 贷款还款凭证（贷方传票）

中国工商银行 **贷款还款凭证**（记账传票） ③

凭证开出日期 年 月 日 银行转账日期 年 月 日

付款人	全称		贷款账户	全称	
	账号			账号	
	开户银行			开户银行	

人民币（大写）		千	百	十	万	千	百	十	元	角	分

贷款种类		原借款金额	
开户银行（章）			审单 复核 记账

第三联：回单

图 4-24 贷款还款凭证（回单）

中国工商银行 **贷款还款凭证**（信贷部门留存） ④

凭证开出日期 年 月 日　　　　　　银行转账日期 年 月 日

<table>
<tr><td rowspan="3">付款人</td><td>全　称</td><td></td><td rowspan="3">贷款账户</td><td>全　称</td><td colspan="10"></td><td rowspan="6">第四联：信贷部门留存</td></tr>
<tr><td>账　号</td><td></td><td>账　号</td><td colspan="10"></td></tr>
<tr><td>开户银行</td><td></td><td>开户银行</td><td colspan="10"></td></tr>
<tr><td rowspan="2">人民币（大写）</td><td colspan="4" rowspan="2"></td><td>千</td><td>百</td><td>十</td><td>万</td><td>千</td><td>百</td><td>十</td><td>元</td><td>角</td><td>分</td></tr>
<tr><td></td><td></td><td></td><td></td><td></td><td></td><td></td><td></td><td></td><td></td></tr>
<tr><td>贷款种类</td><td colspan="2"></td><td colspan="2">原借款金额</td><td colspan="10"></td></tr>
<tr><td colspan="5">开户银行（章）</td><td colspan="10">审单　　复核　　记账</td></tr>
</table>

图 4-25　贷款还款凭证（信贷部门留存）

【动手小操作 4-5】办理计付存款利息业务

【情景】

（1）008 公司 2019 年 7 月单位活期存款明细账如图 4-26 所示。

（2）2019 年 8 月 7 日，银行计付 008 公司 7 月份的存款利息。

【实训用品】

（1）银行进账单（一式三联）。

（2）单位活期存款明细账（接填制完成的图 4-16）。

（3）银行业务受理印章。

【操作要求】

两人一组，分别担任银行营业员 1、营业员 2（兼复核）。

银行营业员 1：

（1）根据 008 公司 2019 年 7 月单位活期存款明细账计算应付利息金额。

（2）填制进账单（一式三联），交复核人员复核。

银行营业员 2：

（1）经审核无误，在第二联（贷方凭证）加盖银行印章，并据以登记“单位活期存款明细账”存款的增加（接图 4-16）。

（2）在第三联（收账通知）盖章后交收款单位。

（3）在第一联（回单）盖章后交还会计员 1，作为银行支付利息费用的付款凭证。

业务办理完成后，将进账单填制结果分别复制到图 4-27～图 4-29 银行进账单“回单”“贷方凭证”“收账通知”。

中国工商银行 南华市江北支行

单位活期存款 明细账

本账页次	
本户页次	

户名：（008）南华市佳艺贸易有限公司　　账号：45001604851367958666　　月利率：

2019年 月	日	记账凭证 字	号	摘要	借方	√	贷方	√	借或贷	余额	日数	积数	√
7	1			上月结转					贷	29000000			
	4			支票转出	26800000				贷	2200000			
	8			贷款存入			100000000						
	8			支票转出	7200000								
	8			支票转出	370000					4630000			
	11			贷款存入			36000000			40630000			
	16			支票转出	5850000								
	16			支票转出	960000								
	16			还贷转出	30000000					3820000			
	17			贷款存入			10000000						
	17			转账存入			6000000			19820000			
	18			支票转出	13600000					6220000			
	26			转账存入			23000000			29220000			
	27			转账存入			8190000						
	27			转账存入			12600000						
	27			还贷转出	40000000								
	27			支票转出	3510000					6500000			
	31			转账存入			23500000			30000000			
				本月合计	128290000		129290000						

图 4-26　银行单位活期存款明细账

中国××银行 **进账单**（回　单）　①

年　月　日

出票人	全称		收款人	全称	
	账号			账号	
	开户银行			开户银行	
金额	人民币（大写）			亿 千 百 十 万 千 百 十 元 角 分	
票据种类		票据张数			
票据号码					
复核　记账				出票人开户银行签章	

此联开户行交持（出）票人的回单

图 4-27　银行进账单（回单）

中国××银行 **进账单** （贷方凭证） ②

年　　月　　日

出票人	全　称		收款人	全　称	
	账　号			账　号	
	开户银行			开户银行	
金额	人民币（大写）				亿 千 百 十 万 千 百 十 元 角 分
票据种类		票据张数			
票据号码					
复核　　记账			出票人开户银行签章		

此联收款人开户行作贷方凭证

图 4-28　银行进账单（贷方凭证）

中国××银行 **进账单** （收账通知） ③

年　　月　　日

出票人	全　称		收款人	全　称	
	账　号			账　号	
	开户银行			开户银行	
金额	人民币（大写）				亿 千 百 十 万 千 百 十 元 角 分
票据种类		票据张数			
票据号码					
复核　　记账			收款人开户银行签章		

此联收款人开户行交收款人的收账通知

图 4-29　银行进账单（收账通知）

【动手小操作 4-6】办理计收贷款利息业务

【情景】

（1）008 公司 2019 年 7 月单位短期贷款明细账如图 4-30 所示。

（2）2019 年 8 月 7 日，银行计收 008 公司 7 月份的贷款利息。

【实训用品】

（1）银行进账单（一式三联）。

（2）单位活期存款明细账（接填制完成的图 4-16）。

（3）银行业务受理印章。

中国工商银行 南华市江北支行

单位短期贷款　明细账

本账页次	
本户页次	

户名：（008）南华市佳艺贸易有限公司　　账号：45001604851367958666—1　　月利率：

2019年 月	日	记账凭证 字	号	摘要	借方（亿千百十万千百十元角分）	√	贷方（亿千百十万千百十元角分）	√	借或贷	余额（亿千百十万千百十元角分）	日数	积数	√
7	1			上月结转					借	114000000			
	8			贷款	10000000				借	124000000			
	11			贷款	36000000				借	160000000			
	16			还贷			30000000		借	130000000			
	17			贷款	10000000				借	140000000			
	27			还贷			40000000		借	100000000			
				本月合计	56000000		70000000						

图 4–30　银行单位短期贷款明细账

【操作要求】

两人一组，分别担任银行营业员 1、营业员 2（兼复核）。

银行营业员 1：

（1）根据 008 公司 2019 年 7 月单位短期贷款明细账计算应收利息金额。

（2）填制进账单一式三联，交复核人员复核。

银行营业员 2：

（1）经审核无误，在第二联（贷方凭证）盖章，并据以登记“单位活期存款明细账”存款的减少（接图 4-16）。

（2）第一联（回单）盖章后交给付款单位，作为支付利息费用的付款凭证。

（3）第三联（收账通知）盖章后作为银行利息收入的凭证。

将进账单填制结果分别复制到图 4-31～图 4-33 银行进账单“回单”“贷方凭证”“收账通知”。

中国××银行　**进账单**　（回　单）　①

年　　月　　日

<table>
<tr><td rowspan="3">出票人</td><td>全　称</td><td colspan="2"></td><td rowspan="3">收款人</td><td>全　称</td><td colspan="11"></td></tr>
<tr><td>账　号</td><td colspan="2"></td><td>账　号</td><td colspan="11"></td></tr>
<tr><td>开户银行</td><td colspan="2"></td><td>开户银行</td><td colspan="11"></td></tr>
<tr><td rowspan="2">金额</td><td rowspan="2">人民币（大写）</td><td colspan="4" rowspan="2"></td><td>亿</td><td>千</td><td>百</td><td>十</td><td>万</td><td>千</td><td>百</td><td>十</td><td>元</td><td>角</td><td>分</td></tr>
<tr><td></td><td></td><td></td><td></td><td></td><td></td><td></td><td></td><td></td><td></td><td></td></tr>
<tr><td colspan="2">票据种类</td><td></td><td>票据张数</td><td colspan="2"></td><td colspan="11" rowspan="3">出票人开户银行签章</td></tr>
<tr><td colspan="2">票据号码</td><td colspan="4"></td></tr>
<tr><td colspan="6">复核　　　　记账</td></tr>
</table>

此联开户行交持（出）票人的回单

图 4–31　银行进账单（回单）

中国××银行 **进账单** （贷方凭证） ②

年 月 日

<table>
<tr><td rowspan="3">出票人</td><td>全 称</td><td></td><td rowspan="3">收款人</td><td>全 称</td><td colspan="11"></td></tr>
<tr><td>账 号</td><td></td><td>账 号</td><td colspan="11"></td></tr>
<tr><td>开户银行</td><td></td><td>开户银行</td><td colspan="11"></td></tr>
<tr><td rowspan="2">金额</td><td rowspan="2">人民币（大写）</td><td colspan="3" rowspan="2"></td><td>亿</td><td>千</td><td>百</td><td>十</td><td>万</td><td>千</td><td>百</td><td>十</td><td>元</td><td>角</td><td>分</td></tr>
<tr><td></td><td></td><td></td><td></td><td></td><td></td><td></td><td></td><td></td><td></td><td></td></tr>
<tr><td colspan="2">票据种类</td><td></td><td>票据张数</td><td></td><td colspan="11" rowspan="3">出票人开户银行签章</td></tr>
<tr><td colspan="2">票据号码</td><td colspan="3"></td></tr>
<tr><td colspan="5">复核 记账</td></tr>
</table>

此联收款人开户行作贷方凭证

图 4-32 银行进账单（贷方凭证）

中国××银行 **进账单** （收账通知） ③

年 月 日

<table>
<tr><td rowspan="3">出票人</td><td>全 称</td><td></td><td rowspan="3">收款人</td><td>全 称</td><td colspan="11"></td></tr>
<tr><td>账 号</td><td></td><td>账 号</td><td colspan="11"></td></tr>
<tr><td>开户银行</td><td></td><td>开户银行</td><td colspan="11"></td></tr>
<tr><td rowspan="2">金额</td><td rowspan="2">人民币（大写）</td><td colspan="3" rowspan="2"></td><td>亿</td><td>千</td><td>百</td><td>十</td><td>万</td><td>千</td><td>百</td><td>十</td><td>元</td><td>角</td><td>分</td></tr>
<tr><td></td><td></td><td></td><td></td><td></td><td></td><td></td><td></td><td></td><td></td><td></td></tr>
<tr><td colspan="2">票据种类</td><td></td><td>票据张数</td><td></td><td colspan="11" rowspan="3">收款人开户银行签章</td></tr>
<tr><td colspan="2">票据号码</td><td colspan="3"></td></tr>
<tr><td colspan="5">复核 记账</td></tr>
</table>

此联收款人开户行交收款人的收账通知

图 4-33 银行进账单（收账通知）

【动手小操作 4-7】编制库存商品盘点明细表

【情景】

（1）2019 年 8 月 31 日，008 公司盘点前经核对一致的“业务进销存账”，如图 4-34～图 4-39 所示，假设以上是 008 公司本期经营的全部商品。

（2）2019 年 8 月 31 日，经实地盘点，库存商品实际结存数明细表如表 4-2 所示。

【实训用品】

库存商品盘点明细表。

业务进销存账

总第　　页 分第　　页

品名：美雅空调　　规格：26GW/DY-J(E5)　　计量单位：台　　单价：1 807.00　　存放地点：

2019年		凭证号	摘要	收入（增加）				发出（减少）				结存		核对
				应收数		实收数		计划数		实发数				
月	日			件数	数量	件数	数量	件数	数量	件数	数量	件数	数量	
8	1		上月结存										50	
	12		销售						30		30		20	
	15		购进		60		60						80	
	23		销售						80		80		0	

图 4–34　业务进销存账

业务进销存账

总第　　页 分第　　页

品名：美雅空调　　规格：32GW/DY-J(E5)　　计量单位：台　　单价：2 054.00　　存放地点：

2019年		凭证号	摘要	收入（增加）				发出（减少）				结存		核对
				应收数		实收数		计划数		实发数				
月	日			件数	数量	件数	数量	件数	数量	件数	数量	件数	数量	
8	1		上月结存										50	
	6		购进		80		80						130	
	19		销售						70		70		60	

图 4–35　业务进销存账

业务进销存账

总第　　页 分第　　页

品名：奥克空调　　规格：25GW/QB(2)　　计量单位：台　　单价：2 490.00　　存放地点：

2019年		凭证号	摘要	收入（增加）				发出（减少）				结存		核对
				应收数		实收数		计划数		实发数				
月	日			件数	数量	件数	数量	件数	数量	件数	数量	件数	数量	
8	1		上月结存										40	
	6		销售						40		40		0	
	13		购进		120		120						120	
	26		销售						100		100		20	
	28		购进		60		60						80	

图 4–36　业务进销存账

业务进销存账

总第　　页 分第　　页

品名：奥克空调　　规格：25GW/EA(5)　　计量单位：台　　单价：1 463.00　　存放地点：

2019年		凭证号	摘要	收入（增加）				发出（减少）				结存		核对
				应收数		实收数		计划数		实发数				
月	日			件数	数量	件数	数量	件数	数量	件数	数量	件数	数量	
8	1		上月结存										70	
	12		销售						30		30		40	
	24		销售						30		30		10	

图 4-37　业务进销存账

业务进销存账

总第　　页 分第　　页

品名：奔逸彩电　　规格：L37E77　　计量单位：台　　单价：5 416.00　　存放地点：

2019年		凭证号	摘要	收入（增加）				发出（减少）				结存		核对
				应收数		实收数		计划数		实发数				
月	日			件数	数量	件数	数量	件数	数量	件数	数量	件数	数量	
8	1		上月结存										20	

图 4-38　业务进销存账

业务进销存账

总第　　页 分第　　页

品名：佳华数码相机　　规格：A650IS　　计量单位：台　　单价：2 017.09　　存放地点：

2019年		凭证号	摘要	收入（增加）				发出（减少）				结存		核对
				应收数		实收数		计划数		实发数				
月	日			件数	数量	件数	数量	件数	数量	件数	数量	件数	数量	
8	7		购进		40		40						40	
	7		销售						40		40		0	

图 4-39　业务进销存账

表 4-2　库存商品实物结存明细表

商品品名	规格型号	产地	计量单位	单价	数量
美雅空调	26GW/DY-J(E5)	广东	台	1 807.00	2
美雅空调	32GW/DY-J(E5)	广东	台	2 054.00	58
奥克空调	25GW/QB(2)	上海	台	2 490.00	79
奥克空调	25GW/EA(5)	上海	台	1 463.00	10
奔逸彩电	L37E77	广东	台	5 416.00	20
佳华数码相机	A650IS	上海	台	2 017.09	0

【操作要求】

三人一组，分别担任 008 公司业务员、会计员、仓库保管员。

业务员：

根据以上“业务进销存账”填制商品盘点明细表的账面结存数，并在制表处签名。

会计：

根据以上商品实存数填制商品盘点明细表的实际结存数，并计算填列盈亏数，在清查小组签名处签名；然后分别由业务员、保管员检查核对后签名。

业务办理完成后，将填制结果复制到表 4-3。

表 4-3　库存商品盘点明细表

库存商品盘点明细表

商品类别：　　　　　　　　盘点日期　　　年　　月　　日　　　　　　金额单位：元

编号	商品名称	规格型号	产地	计量单位	单价	账面结存数			实际结存数			盈亏数（+、-）			备注
						件数	数量	金额	件数	数量	金额	件数	数量	金额	
	合计														

清查小组签名：　　　　　　　　　　　　　　　　　　　　　制表：

反侵权盗版声明

举报电话：（010）88254396；（010）88258888
传　　真：（010）88254397
E-mail：　dbqq@phei.com.cn
通信地址：北京市万寿路 173 信箱
　　　　　电子工业出版社总编办公室
邮　　编：100036